成长也是一种美好

DeepSeek+ 爆款短视频

流量时代的AI生产力

张守刚　张小平◎著

人民邮电出版社
北京

图书在版编目（CIP）数据

DeepSeek+爆款短视频一本通 ：流量时代的AI生产力 / 张守刚，张小平著. -- 北京 ：人民邮电出版社，2025.
ISBN 978-7-115-67001-4

Ⅰ. F713.365.2-39

中国国家版本馆CIP数据核字第2025PN3320号

◆ 著　张守刚　张小平
责任编辑　王铎霖
责任印制　周昇亮

◆人民邮电出版社出版发行　　北京市丰台区成寿寺路 11 号
邮编 100164　电子邮件 315@ptpress.com.cn
网址 https://www.ptpress.com.cn
雅迪云印（天津）科技有限公司印刷

◆开本：880×1230　1/32
印张：7.25　　2025 年 4 月第 1 版
字数：150 千字　　2025 年 4 月天津第 1 次印刷

定　价：69.80 元

读者服务热线：（010）67630125　印装质量热线：（010）81055316

反盗版热线：（010）81055315

前　言

DeepSeek：短视频流量时代的“爆款制造机”

深夜两点，短视频创作者小王第23次刷新后台数据：播放量1.2万，点赞数589，完播率28.7%。这个耗时三天打磨的“沉浸式返乡Vlog”[1]，最终倒在了平台算法的“30%生死线”前。评论区热度最高的两条留言，一条是“BGM[2]太吵”，另一条竟是观众误触发送的表情包。这样的场景，正在千万创作者的工作室里日复一日地上演。

在这个“全民短视频”的时代，创作者们像是在布满数据陷阱的迷宫中摸索：明明拆解了100个爆款视频模板，自己在做选题时却像遭遇了“热梗免疫”；精心设计的反转剧情，在观众面前停留不足3秒，根本无法展开；好不容易跟上的“流行趋势”，转眼就变成了“过气素材”。更令人焦虑的是，传统人工智能（Artificial Intelligence，AI）工具更像是“鸡肋”产品——那些千篇一律的“震惊体”标题、生硬拼接的热梗文案，让创作者不得不花费更多时间修改“AI生成的废话”。

而DeepSeek的出现，正在改变这一切。

---

① Vlog是“Video Blog”的缩写，意为“视频日志”。——编者注

② BGM是“Background Music”的缩写，即“背景音乐”。——编者注

这项现象级的创新成果，不仅一夜之间在国内外产生了翻天覆地的震撼影响，更以润物无声的方式迅速深入社会各领域，催生着各行业的激荡变革——其中当然包括内容创作领域。从素人博主到网络大V[①] 再到 MCN 机构 [②]，“DeepSeek 一下”在几天内成了他们的口头禅。而 DeepSeek 也不负众望，迅速成为很多短视频创作者心目中的“爆款制造机”。

站在短视频行业发展的节点上，DeepSeek 引领的是这样一种 AI 内容生产趋势：它不是完全替代人类创意的“魔法棒”，也不会做制造同质化内容的“流水线”。它能将创作者从重复劳动中解放出来，让天马行空的创意真正回归本质。现在，让我们共同揭开这场智能创作变革的序幕。

一、破局者案例：当普通人握住 AI 杠杆

在小红书平台上，达人“赖大宝成长记”表示自己的女儿成绩不好，希望 DeepSeek 写一封信给女儿。在仅有几千名粉丝的情况下，她发布的这条视频收获了超过 3.6 万点赞。即使是选择一些非常简单的热门话题，通过向 DeepSeek 提问、录屏的方式制作的大量“伪短视频”，也出现了大量获得上万点赞数的爆款作品。

---

① “大 V”指在网络平台上拥有众多粉丝和较大影响力的用户。——编者注

② MCN（Multi-Channel Network）机构是一种与网络创作者签约并管理他们的数字内容的公司，目前是新媒体行业中一种重要的经营模式。——编者注

在浙江义乌的国际商贸城，商户傅江燕的店铺曾因语言壁垒难以打开海外市场。后来，她尝试用 DeepSeek 生成 20 多国语言版本的产品介绍视频。DeepSeek 不仅能精准翻译技术参数，而且会根据各国的文化差异调整话术：对欧美客户强调环保认证，对东南亚市场突出性价比优势。这些视频中热度最高的一个已经被播放了超过 5.4 万次，而店铺积压的产品库存也快速售罄。有人评论说："使用它就像雇用了一支精通多国文化的营销团队，但成本几乎为零。"

（AI 时代的生意跃迁——守世界一隅，做全球买卖。本图由 AI 生成）

在这些案例背后，有一个问题值得探索——AI 大模型技术正日益步入成熟阶段，在 DeepSeek 尚未崭露锋芒时，豆包、Kimi、文小言等我国企业自主研发的语言类 AI 工具已渗透进了许多用户的职业生活与日常生活中。作为后来者的 DeepSeek，为何能突破先行者的包围，一跃成为引爆短视频行业的现象级存在？

二、创意源泉：爆款内容的“原子反应堆”

DeepSeek 的成功绝非偶然。若将短视频创作比作一场化学反应，DeepSeek 的独特价值在于它重构了内容生产的“原子级”要素，并通过独有的创意挖掘生成模式，为创作者解决了内容制作的第一个痛点。

当同类产品还在“关键词匹配+模板填充”阶段徘徊时，DeepSeek 已构建起“多模态感知—语义解构—创意重组”三位一体的智能中枢。它像一位深谙流量密码的军师，既能预判全网热点趋势，又能将抽象创意转化为可执行的脚本语言。作为其重要核心技术的“动态知识图谱”，如同一个永不疲倦的流行文化观察者，通过实时爬取分析全网爆款内容，精确捕捉爆款元素的演变轨迹。

比如，一个美妆博主如果缺乏创意选题，可以直接向 DeepSeek 提问，而 DeepSeek 将基于全网上亿条美妆评论训练的“语义情感云图”，识别出“显脸小”“伪素颜”“持妆 12 小时”等用户的隐性需求。如果博主进一步输入“油皮底妆”主题，系统会自动推荐下列选题（示例）：

- “‘早八党’地铁补妆指南”
- “‘口罩刺客’克星：三明治定妆法”
- “油皮人士必看！散粉的五种高阶玩法”

笔者之一长期在短视频 MCN 机构工作，对此更是深有感触。过去编导团队需要几天时间完成的选题策划工作，如今 DeepSeek 在 3 分钟内就能给出 20 套专业方案——而且，数据证明，AI 选中的方案整体爆款率更高。有些人们绞尽脑汁也想不出来的“离谱”选题，最后都成了开启爆款之门的钥匙。

三、文案高手：基于平台算法的修辞增强术

对很多短视频创作者来说，文案脚本创作是“痛点中的痛点”。写文案极为耗时耗力，一个好的脚本很多时候要经过数天的打磨才能成型。而 DeepSeek 在针对具体的主题内容产出脚本时，不仅速度快，而且质量极高。

比如，当测试者要求它生成以“返乡”为主题的文案时，DeepSeek 输出的是“当高铁穿过隧道时，窗玻璃上映出的，是十年前站台上那个攥紧火车票的少年”——展现出了惊人的意象运用能力与情感唤起能力，在文本上完成了从“文字堆砌”到“情感共振”的转变。

根据不同的垂类风格，DeepSeek 也能根据收到的指令，有针对性地给出最符合目标群体风格的文案，而不会模式化、机械化地输出文案脚本。

一位美食博主进行过对比测试：人工团队设计的“泡面测评”脚本，视频完播率较低，而 DeepSeek 生成的脚本在开场前三秒插入了“面条弹起慢镜头 +‘这包泡面居然会跳舞’”的强冲突画面，使得视频完播率骤升。这种对用户注意力的精准把控，源于它底层算法中独创的“多巴胺响应预测模型”——它能模拟观众在观看视频时的神经兴奋曲线，自动优化脚本以达到最佳播放效果。

四、创意生产链：打造“病毒式传播”全套方案

比起之前的竞品 AI 软件，在短视频方案生成方面，DeepSeek 不仅展现出了拟人化的结构性思维能力，更有价值的是，它还能提供一整套可以执行的短视频创意生产链。

在处理“职场焦虑”选题时，DeepSeek 给出了一个三幕式悬念架构。“冲突建立”的第一幕是“25 岁总监凌晨三点改方案”的强对比画面；“情节反转”的第二幕是“AI 工具让方案优化效率提升 300%”的技术赋能，而在“主题升华”的第三幕，它给出了“我们战胜的不是 KPI[①]，而是对时间的恐惧”的金句，令人颇为惊艳。

当用户输入“夏日防晒”主题时，DeepSeek 并未停留在常规的功效对比层面上，而是深入分析了目标受众，又选择了实验对比与故事情节相结合的独特角度，并根据夏天、室内外等不同场景，构建了一个“实验室数据 PK+海岛旅行故事情节”的双线叙事架构：既有紫外线相机下的直观测试，又有女主角从办公室到沙滩的场景穿越（见表 0-1）。

表 0-1 DeepSeek 生成的“夏日防晒”主题分镜头脚本

镜头	画面	特效 / 字幕
开场（0 ~ 5 秒）	烈日下，主角正在撑伞行走，汗珠飞溅	大字标题炸裂般地弹出：“40℃暴击！你的防晒真的有用吗？”
实验对比（20 秒）	实验室中，主角将涂了防晒霜与未涂防晒霜的手臂放在紫外线灯下，测试卡显色对比	紫外线紫光特效；在未涂防晒霜的手臂上，测试卡从白色变为深紫色

① 即 Key Performance Indicator 的缩写，意为“关键绩效指标”。——编者注

续表

镜头	画面	特效 / 字幕
反转剧情（30 秒）	一个不涂防晒霜的男士嘲笑主角“防晒麻烦”，次日他晒得满脸通红，像一只“红虾”，并发出惨叫	夸张表情 + 漫画式红肿特效，弹幕：“哈哈哈，打脸现场”
知识干货（40 秒）	快速切换防晒霜、帽子、墨镜等物品	动态字幕条：“SPF 防 UVB 晒伤，PA 防 UVA 老化！”“每 2 小时补涂一次！”
结尾（5 秒）	主角抛接防晒霜并眨眼笑：“防晒是场科学游戏，你通关了吗？”	点击贴纸，弹出防晒小测试链接

不仅如此，它提供的完整分镜头脚本将短视频时间限制在 1 分 30 秒之内，甚至还主动提供了运营方案来提高传播效果。这样，它就生成了一套完整的包含选题创意、视觉设计、文案脚本、运营策略等在内的可执行的短视频方案。

五、“DeepSeek+”：从灵感到成片的跃迁

目前，短视频创作者已经可以将 DeepSeek 与 Midjourney、Stable Diffusion、文心一格、即梦、可灵、无界、秒创、腾讯智影、剪映等工具深度对接。在本书中，你也将和我们一起，学习使用 DeepSeek，实现指令生成文本、文本生成图片、文本生成音频、文本生成视频、图片生成视频、AI 特效使用等短视频制作的全流程方法。同时，为了实现短视频制作的便利性，我们选取了我国最新出现的一些优秀 AI 应用，以与 DeepSeek 协同搭配，形成高效制作组合。

通过使用这种“DeepSeek+”的深度工具链，即使你是一位短视频制作方面的小白，也能在短时间内完成从灵感到成片的跃迁。无论是对想以短视频创作为副业的普通上班族，还是对有某领域专长、想在短视频领域打造个人 IP[①] 的行业精英，或是对以短视频创作为主业的自媒体大 V 或 MCN 机构而言，这都是一个难以拒绝的大好消息。

DeepSeek 已展现出惊人的爆款生产能力，而这场变革才刚刚开始。当前版本的 DeepSeek 仍存在视觉创作断层、插件生态滞后等局限，尚未打通与 Premiere、After Effects 等专业软件协同的工作流。这些技术沟壑恰恰指明了 DeepSeek 未来的进化方向：当开放生态成熟后，创作者可在同一平台完成脚本生成、素材调用、智能剪辑的无缝衔接，从而实现更高效、更优质的内容生产。

（在未来的智能化社会，由于 AI 的赋能，“超级个体”将大量涌现）

① “个人 IP”是网络流行语，指独特的个人形象或风格，可以是个人品牌、个人形象、个人作品等。——编者注

六、不想被时代抛弃，只能——学习，再学习

DeepSeek 带来的效率变革正在重塑短视频行业的规则：个体创作者开始以“一人军团”模式挑战机构化团队，传统的“内容产能天花板”可以被彻底打破。在可见的未来，掌握以 DeepSeek 为代表的各类先进 AI 工具的创作者，将获得指数级的内容竞争优势。

笔者之一所在的 MCN 行业，也正在经历这种变革。对一家以短视频电商为核心业务的行业头部公司而言，以短视频“切片”的方式实现电商带货是其业务中的重要板块。之前，为了制作海量的短视频“切片”内容，该公司聘用了 400 多名剪辑师；而现在，通过 AI 赋能的自动化作业，这些工作只需要一个人就能完成！不仅如此，这种作业方式还能覆盖平台发布、效果监控、数据分析等流程，智能筛选出转化数据最好的一部分内容“切片”持续推广，进一步扩大转化效果。

而这一切的基础和前提，是我们必须掌握以 DeepSeek 为代表的 AI 工具的使用技巧。

DeepSeek 能帮助短视频创作者打造出更好、更优质的作品，但最重要的还是需要有掌握这个“魔法棒”使用规则的人。只有这样，它才能真正成为手握魔法棒的人的“爆款制造器”。一个成功的短视频创作者，必须不断学习，尽快掌握这个 AI 时代的“法宝”。

接下来，就让我们一起进入 DeepSeek 实操部分的内容吧！

目录

— 第一篇章 —

DeepSeek短视频制作全流程

第一章 DeepSeek 如何快速上手 / 003

一、推开 DeepSeek 的大门：新手从零到一的操作指南 / 004

二、如何与 DeepSeek 对话：从“无效沟通”到“精准对话” / 023

第二章 DeepSeek 如何生成文案 / 048

一、剧情搞笑类短视频：意料之外，情理之中 / 049

二、生活体验类短视频：主打真实，代入感强 / 058

三、技能分享类短视频：生活技巧、职业指南 / 066

四、电商好物类短视频：带货种草，刺激消费 / 075

五、影视解说类短视频：碎片观影，丰富视听 / 082

六、短剧类短视频：碎片观影，丰富视听 / 090

第三章 DeepSeek 如何生成图片 / 098

一、水墨武侠风游戏场景："DeepSeek ＋智慧绘图"实战案例 / 100

二、女性化妆品系列展示图："DeepSeek ＋可灵 AI"实战案例 / 105

三、在城市霓虹中飞驰的机车女："DeepSeek ＋即梦 AI"实战案例 / 110

第四章 DeepSeek 如何生成视频 / 116

一、文本生成 AI 视频：文转影的智能创作变革 / 117

二、图片生成 AI 视频：静变动的多维表达突破 / 124

三、文字生成短视频：字跃屏的零门槛生产力 / 133

— 第二篇章 —

用DeepSeek制作短视频的实战案例详解

第五章 机器人来啦：如何制作 AI 科普类视频 / 139

一、用 DeepSeek 撰写机器人应用场景的科普文章 / 140

二、用剪映生成"单口相声"风格数字人口播视频 / 142

三、用剪映"AI 文案成片"生成机器人视频素材 / 147

四、用剪映合成数字人口播视频和机器人视频素材 / 151

第六章 夸父的故事：如何制作 AI 教育类视频 / 154

一、用 DeepSeek 撰写古代成语"夸父逐日"的故事 / 154

二、用即梦 AI 生成油彩风格的分镜头脚本图片 / 157
三、即梦 AI 让分镜头脚本的静态图片动起来 / 162
四、用剪映为“夸父逐日”视频生成史诗音乐 / 165

第七章 当代茶道美学：如何制作 AI 商业类视频 / 170

一、DeepSeek 生成乌龙茶品牌商业脚本 / 171
二、即梦 AI 生成视频《千年茶韵》的素材 / 173
三、剪映剪辑生成“当代茶道美学”成片 / 176

— 第三篇章 —

DeepSeek短视频运营变现拆解

第八章 DeepSeek 短视频如何适应平台 / 181

一、抖音：算法逻辑下的爆款工厂 / 182
二、快手：信任经济与乡土叙事 / 186
三、小红书：信任闭环与精致种草 / 189
四、视频号：熟人社交与实用主义 / 193
五、B 站：硬核知识与梗文化共生 / 196

第九章 DeepSeek 短视频如何“掘金”变现 / 200

一、广告变现：数据驱动决策，优化内容与商业融合 / 200
二、电商赋能：多语言本地化，AI 话术革新直播逻辑 / 201

三、情感“金矿”：精准共情分析，数据赋能粉丝打赏 /203
四、自媒体矩阵：一键化生产，多平台精准适配 /204
五、IP 化创作：AI 主笔脑暴，多风格跨域变现 /205
六、知识付费：碎片化与智能升级，大幅缩短开发周期 /206
七、互动内容：多结局动态生成，“选择即开始” /208
八、视觉创意服务：指令化设计，模板化服务降本增效 /209
九、音乐创作：零门槛作曲，从歌词到全流程工业化 /210
十、工具开发：技术红利二次转化，场景化效率突围 /211
十一、小众市场：文化适配破局，冷门需求规模化 /212

后记 DeepSeek 的术与道：在算法洪流中打捞人性微光 /214

第一篇章

DeepSeek 短视频制作全流程

在短视频日益吸引人们的注意力的时代，每个人都能用15秒讲一个故事、用30秒传递一种情绪、用1分钟掀起一场流行风潮。数据显示，中国短视频用户数量已经突破10亿，每人平均每天刷视频超过2小时。这场“视觉狂欢”的背后，是无数创作者绞尽脑汁的文案构思、熬更守夜的素材制作、反复调试的剪辑优化——直到人工智能工具的崛起，让“一个人就是一支队伍”的创作状态成为现实。

在这场效率变革中，DeepSeek就像一把万能钥匙，串连起文案生成、视觉设计、视频制作的完整流程，让爆款视频的诞生从“碰运气的事情”变为“可复制的操作”。以DeepSeek为核心，短视频时代的人工智能高效工作流已经成型。

本篇要揭示的，正是一套经过实战验证的人工智能短视频创作公式：一个人想要从“零基础小白”蜕变为“日更博主”，可能只需要掌握四个核心环节：第一，用10分钟摸清DeepSeek的操作界面，像使用智能手机一样自然地调用它的能力；第二，通过“关键词激活+数据喂养”的组合操作，让人工智能生成既有网感又带个人风格的爆款文案；第三，打通文心一言、Midjourney等绘画工具的“任督二脉”，用“文字描述→概念图→精修图”的三阶操作，打造可以与专业设计媲美的视觉素材；第四，在剪映等工具的加持下，实现素材智能匹配、字幕自动生成、流量密码植入的“一条龙”视频生产。

这一切不仅是工具的革新，更是创作思维的进化。当人工智能承担了80%的执行性工作时，创作者得以将精力聚焦于更具价值的创意策划与风格塑造。

第一章

DeepSeek 如何快速上手

DeepSeek，这款由杭州深度求索公司匠心打造的 AI“神器”，凭借其“国产＋免费＋开源＋强大”的四重魅力，正引领着人工智能普及的新风潮。

DeepSeek 的故事，是中国科技从“跟随者”到“引领者”华丽转身的生动写照。它不仅打破了 AI 技术被少数公司垄断的格局，而且将创新成果惠及大众，让我们有理由相信，我们正面临人类文明一次激动人心的跃迁时刻。DeepSeek-R1 不只是技术发展的里程碑，更是一把开启全新 AI 时代的钥匙，为全球用户带来了免费、高效、易用的 AI 工具，可以极大地提升我们的生活质量和工作效率。

本章旨在帮助每一位对 AI 充满好奇的朋友，快速上手 DeepSeek，学会利用它强大的功能。从初识 DeepSeek 的“开源魔法”，到熟悉其操作界面的每一个细节；从掌握与 AI 高效对话的黄金原则，到成为提示词设计的艺术大师，我们将一步步引导你走进 DeepSeek 的奇妙世界。无论你是专业的短视频制作人员，还是对 AI 充满好奇的普通用户，DeepSeek 都能成为你探索未知、解决问题的得力助手。

此外，我们还会介绍微信 DeepSeek 小程序、百度 AI 搜索、纳米 AI 搜索以及秘塔 AI 搜索等 DeepSeek 的常用通道，让你在享受 DeepSeek 便捷服务的同时，也能体验到不同平台的优势和特点。现在，就让我们一起推开 DeepSeek 的大门，开启这场激动人心的 AI 之旅吧！

一、推开 DeepSeek 的大门：新手从零到一的操作指南

在人工智能飞速发展的今天，拥有 DeepSeek 这样一个智能又贴心的 AI 助手，能让我们的学习、工作和生活都更加高效有趣。无论是科研人员、企业管理者，还是普通用户，都利用这款 AI “神器” 创造自己需要的价值。

1. DeepSeek 的官网入口

打开你的浏览器，找到 DeepSeek 官网，点开它就像打开了一扇通往未来的大门——DeepSeek 的世界就在眼前，它将带领我们探索此前未至之境。

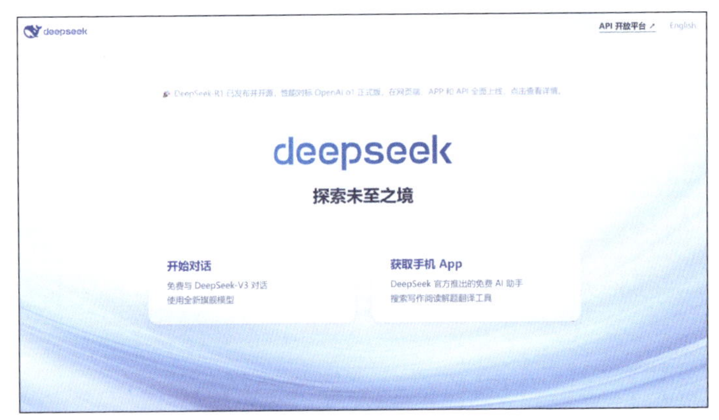

（DeepSeek 官网页面上有两个通道：点击左边的 “开始对话”，将通向电脑网页版；点击右边的 “获取手机 App”，将通向手机 App 版）[①]

① 本书中的各类工具截图仅为操作示例，平台在更新迭代后，各版本功能模块有细微差异，请按照对应版本操作。——编者注

（1）DeepSeek 电脑网页版注册与登录

点击 DeepSeek 官网页面左边的“开始对话”，将出现一个“注册与登录”的界面，它同时支持手机号、邮箱、微信等登录方式。如果是第一次使用，你可以按照页面提示，一步一步完成注册。注册好账号后，一定要绑定常用手机号（最好是和微信捆绑的手机号），方便之后的登录及多平台切换操作。

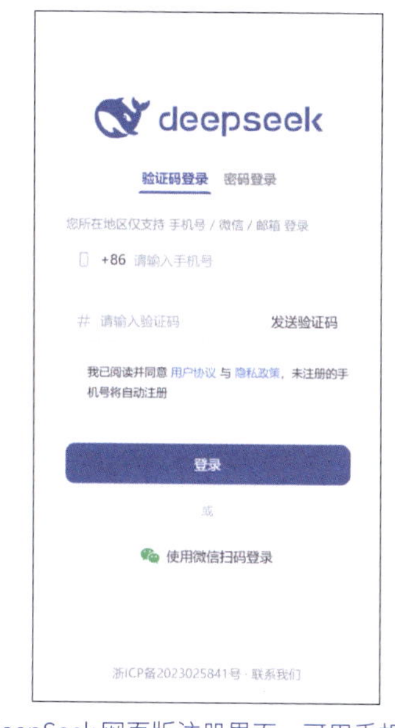

（DeepSeek 网页版注册界面，可用手机号、微信、邮箱三种方式注册或登录）

（登录 DeepSeek 电脑网页版后的聊天界面）

（2）DeepSeek 手机 App 版注册与登录

如果你不方便或不习惯使用网页版也没问题，DeepSeek 的 App 版更为便捷好用。点击 DeepSeek 官网页面右边的“获取手机 App”，会出现一个二维码，用户可以在扫码后选择去 App Store、华为应用商店、小米应用商店等平台下载 DeepSeek 的手机 App，然后再根据提示注册并登录。

当然，你也可以直接去各大应用商店搜索“DeepSeek”，认准蓝色鲸鱼 Logo，点击下载。App 版不仅具备网页版的所有功能，而且支持拍照上传、从相册导入等实用功能，让用户随时随地都能和 DeepSeek 畅聊。

（可以在 DeepSeek 官网，也可以在各大应用商店下载 DeepSeek 的手机 App）

（登录 DeepSeek 手机 App 后的聊天界面）

2. DeepSeek 的其他常见通道

访问量激增会导致 DeepSeek 的服务器繁忙，常常出现卡顿现象。这时，我们可以尝试从上述官方通道以外的其他通道接入 DeepSeek。我们在这里向你介绍几个我们自己平时常用的平台入口：微信小程序、百度 AI 搜索、纳米 AI 搜索和秘塔 AI 搜索。

（1）微信小程序

作为用户量超过 10 亿的“超级入口”，微信正在通过灰度测试逐步开放 DeepSeek-R1 的满血版模型。用户可通过微信搜索 DeepSeek 公众号或小程序直接调用该模型，实现微信公众号内容与全网公开信息的智能整合。其优势在于：

- 无须额外注册，与微信生态无缝衔接；
- 支持文字、图片、语音等多模态形式输入；
- 隐私保护机制完善，仅调用公开数据。

（在微信中搜索“DeepSeek”，选择 DeepSeek 公众号中的“网页对话”或 DeepSeek 小程序）

（2）百度AI搜索

（在百度中搜索“DeepSeek-R1 满血版”，并在对话框中选择使用满血版和联网搜索）

百度AI搜索凭借其强大的搜索技术和数据资源，能够精准定位DeepSeek-R1满血版的相关内容。其优势在于搜索结果丰富全面，并且结合了百度自身的AI技术能力，可以为用户提供更加智能、高效的搜索服务，帮助用户快速获取关于DeepSeek-R1满血版的详细信息及相关应用场景。

依托7亿月活的百度App生态，百度AI搜索对DeepSeek-R1满血版的支持深度融合了百度的检索增强生成（Retrieval-augmented Generation，RAG）技术，能够显著降低模型幻觉问题。我们对它的表现进行了实测，结果如下：

- 搜索结果的广告率降低了87%，如“故宫预约”直接显示官方渠道；

- 支持复杂场景处理：数学解题误差率仅为2.3%，公历与农历的转换准确率为99.6%；
- 集成PPT自动生成、智能文档总结等办公功能。

（3）纳米AI搜索

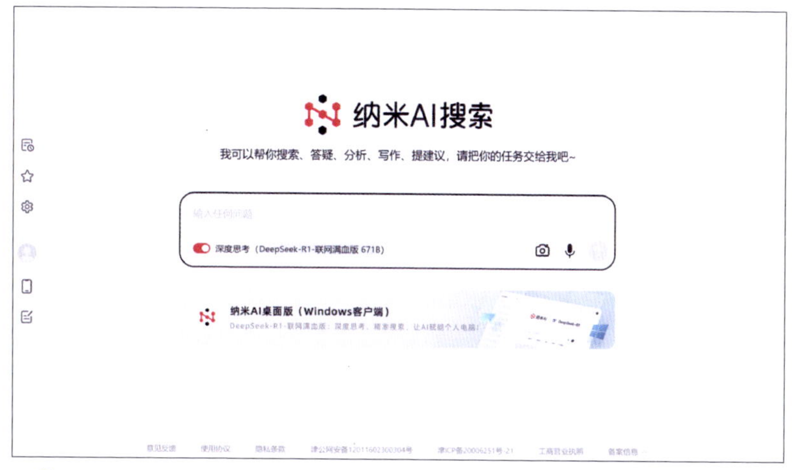

［打开纳米AI搜索官网，并将对话框中的“深度思考（DeepSeek-R1联网满血版671B）”功能键打开］

作为360集团旗下增速最快的AI搜索工具之一，纳米AI搜索的核心优势包括：

- 全工作流覆盖：从搜索、学习到创作输出一体化；
- 多模态生成能力：支持图文混排及短视频内容生成；
- 双专线保障：360高速专线+满血版专线分流访问压力；
- 免费使用：目前提供无广告的纯净版界面，兼容微软和苹果系统；

- 访问速度较快：利用 360 集团的技术优势，提供较快的访问速度，减少卡顿；
- 支持切换多个大模型：可以用同一个问题向多个大模型提问，获得不同大模型结果，方便对比和优化。

纳米 AI 搜索的缺点：不支持本地文件上传，限制未注册用户的使用次数。

（4）秘塔 AI 搜索

（打开秘塔 AI 搜索官网，并将对话框中的“长思考 · R1”功能键打开）

被誉为“中国版 Perplexity[①]”的秘塔 AI 搜索，创新性地实现了以下几项功能：

---

① Perplexity 是一款结合人工智能技术和网络搜索引擎技术的聊天机器人 AI 搜索引擎。——编者注

- RAG+R1 双引擎：搜索结果附带参考文献溯源；
- 零门槛使用：用户无须注册即可享受每日免费额度；
- 长文本处理：支持 10 万字级别的文献解析与信息整合；
- 多端同步：网页 /App/ 小程序数据实时互通；
- 访问速度快：秘塔 AI 搜索强调“没有广告，直达结果”，这表明它可能对用户体验进行了优化，访问速度较快，能够减少等待时间；
- 数据准确：作为通用搜索引擎，其数据来源广泛，能够整合全网信息为用户提供准确的搜索结果。

但秘塔 AI 也有缺点，如追问按钮较隐蔽、用户二次交互体验有待提升等。

现在，你已经掌握了 DeepSeek 的几个主流入口，快去和这位 AI 伙伴开启奇妙之旅吧！无论是想学习新知识、解决工作难题，还是寻找生活乐趣，DeepSeek 都能成为你的得力助手。

3. 熟悉你的 AI 助手操作台

无论是 DeepSeek 的电脑网页版，还是手机 App 版，操作界面都设计得非常直观，主要分为两大功能模块：一个直观的对话框，以及一个便捷的边栏。对话框是你与 AI 互动的主要区域，而边栏则提供了历史记录查看等辅助功能。

（1）DeepSeek 对话框功能模块

DeepSeek 的对话框功能模块非常强大，主要包括模块选择和文件导入功能。在对话框的左下方，你会看到“深度思考（R1）”和“联网搜索”两个可选模块。而“基础模型（V3）”隐身在后。

[如果“深度思考（R1）”模块显示为灰色，说明系统默认使用的是“基础模型（V3）”]

“深度思考（R1）”“基础模型（V3）”和“联网搜索”三个模块的功能各不相同，用户可以根据不同的应用场景和需要进行选择。

① 基础模型（V3）：日常小能手

- 适用场景：从闲聊到知识问答，再到文案创作等各种日常生活中的常见场景。
- 主要特点：响应速度快、知识面广。
- 知识库更新：反应速度快、知识储备丰富、数据更新较为及时。
- 总结：日常首选，省时又省心。

② 深度思考（R1）：难题终结者

- 适用场景：需要进行复杂的逻辑推理、解决编程难题或深奥的数学问题时面临的复杂场景。

- 主要特点：逻辑严密、思考全面，虽然速度稍慢，但每一步都经过深思熟虑。
- 总结：深度挖掘，解决你的棘手问题。

③ **联网搜索：新鲜信息收集站**

- 适用场景：需要知道最新的新闻、热门资讯或实时数据时面临的场景。
- 注意事项：在基础模型（V3）和深度思考（R1）状态下都可以同时使用联网搜索模式，但用户在此状态下无法上传附件。
- 总结：能解决基础模型（V3）和深度思考（R1）的短板问题，帮助用户找到最新出现的信息。

[如果点击开启“深度思考（R1）”，则该模块显示为蓝色]

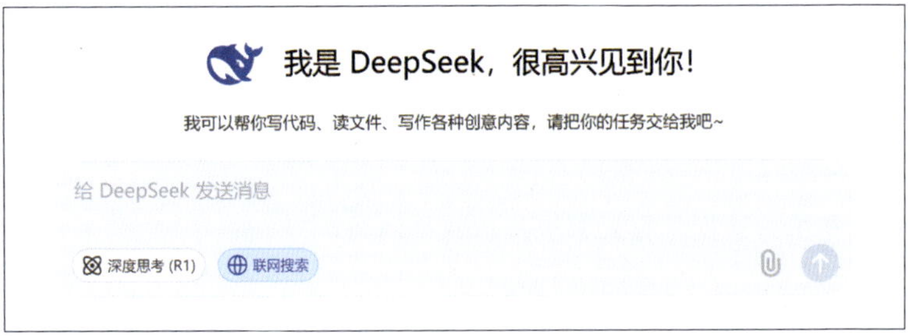

（如果点击开启“联网搜索”，则该模块显示为蓝色；这个模块让 DeepSeek 能够参考最新的网络信息，确保回答的时效性）

[在“深度思考（R1）”和“基础模型（V3）”两种模块中，用户均可以选择上传附件，但“联网搜索”开启时则不能使用此功能；“上传附件”功能支持 PDF、Excel 表格和多种图片格式，但它只能识别文字，且单个文件不能大于 100 MB；这个功能可以让 DeepSeek 总结用户上传的文档的核心观点，或分析其中的数据]

[将“深度思考（R1）”和“联网搜索”同时打开时，用户可以进入深度功能区，该功能区适用于不同场景，比如，我们在运营公众号时，可能经常面临着选题枯竭、热点追不上、专业内容写不透、用户互动没话题等问题，而 DeepSeek 的深度功能能够很好地帮助我们解决这些问题]

（在 DeepSeek 手机 App 版中，“上传附件”选项中除了文件，还多了“拍照识文字”“图片识文字”两个功能）

（2）DeepSeek 边栏的主要功能模块

DeepSeek 的边栏就像一位私人助理的工作台，简洁而高效。“开启新对话”随时待命，准备迎接新的挑战；“历史对话框”记录每一次交流的内容，用户可以根据需要调整对话主题或清理对话记录；“个人信息”则是用户管理账户信息的小天地。

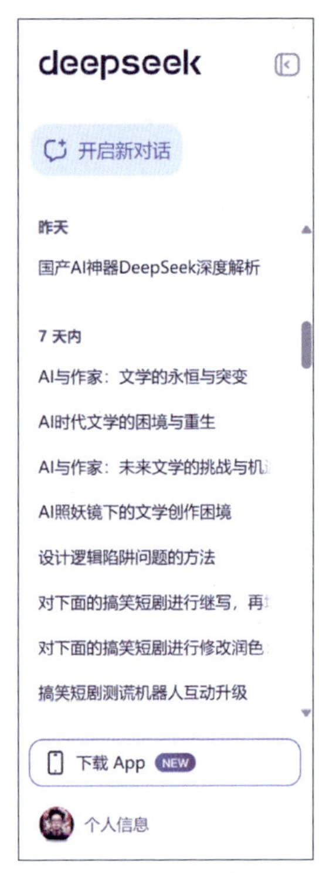

（DeepSeek 左侧边栏功能模块区："对话历史记录"中有之前每一次对话的主题和时间，用户可以根据实际情况删除或修改对话的名称）

（3）四种大模型应答模式对比测试

想要把 DeepSeek 这个智能助手用得得心应手，我们需要先搞清楚它的不同模型的"脾气秉性"。我们设计了一个可以考验其多方面能力的测试问题，试图对 DeepSeek 进行一场全方位能力的测试。

测试问题是："2023 年短视频行业经历了哪些重大变革？未来三年抖音、快手、视频号三大平台商业化竞争的核心战场将转向哪里？"

我们测试的四种模型分别如下。

① 简约而不简单的“基础模型（V3）”

2023年短视频行业重大变革

1. **AI技术深度应用**
   - AI生成内容（AIGC）在短视频创作中普及，降低了创作门槛，提升了内容生产效率。
   - 个性化推荐算法进一步优化，提升了用户体验和平台粘性。
2. **直播电商持续增长**
   - 直播电商成为主要变现方式，平台与品牌合作更加紧密，推动销售额大幅增长。
   - 虚拟主播和AR/VR技术的应用，提升了直播的互动性和沉浸感。
3. **内容监管趋严**
   - 各国加强对短视频内容的监管，平台加大审核力度，确保内容合规。
   - 版权保护和内容原创性成为关注重点，打击抄袭和侵权。
4. **全球化扩展**
   - 抖音、快手等平台加速海外布局，争夺全球市场份额。
   - 本地化运营和跨文化内容创作成为关键策略。
5. **社交属性增强**
   - 短视频平台强化社交功能，推出更多互动工具，增强用户粘性。
   - 短视频与社交媒体的融合加深，形成更紧密的社交生态。

未来三年抖音、快手、视频号商业化竞争的核心战场

1. **本地生活服务**
   - 平台将深入本地生活服务领域，如餐饮、旅游、娱乐等，推动线上线下融合。
   - 通过短视频和直播推广本地商家，提升用户消费体验。
2. **电商生态扩展**
   - 加强供应链和物流建设，提升电商服务能力。
   - 拓展跨境电商，吸引更多国际品牌和用户。
3. **广告变现优化**
   - 提升广告投放精准度，优化广告形式，增强广告效果。
   - 探索更多广告变现模式，如互动广告、沉浸式广告等。
4. **内容付费与订阅**
   - 推出更多优质付费内容，吸引用户订阅。
   - 提供独家内容和增值服务，增强用户付费意愿。
5. **技术创新与用户体验**
   - 持续投入AI、AR/VR等技术，提升内容创作和用户体验。
   - 优化平台功能，提升用户参与度和满意度。
6. **全球化与本地化**
   - 加强海外市场布局，推动全球化扩展。
   - 针对不同市场进行本地化运营，提升用户粘性和市场份额。

总结

2023年短视频行业在技术、内容、监管和全球化等方面经历了重大变革。未来三年，抖音、快手、视频号等平台将在本地生活服务、电商、广告变现、内容付费、技术创新和全球化等领域展开激烈竞争，推动行业持续发展。

ⓘ 本回答由 AI 生成，仅供参考，不构成任何专业建议。

［针对同样一个问题，DeepSeek 的“基础模型（V3）”的输出结果[①]］

---

① 在生成涉及现实生活中的具体事件、人物、数据等的内容时，AI 给出的回答可能与真实情况有出入。在阅读本书中由 AI 生成的内容时，请读者注意这一情况并对相关内容进行仔细甄别。——编者注

“基础模型（V3）”就像一位快速扫描的行家，它能够迅速勾勒出行业的轮廓，让用户在短时间内对行业概况有一个大致的了解。然而，如果用户想要得到的是更深入的见解或最新的信息，它可能会显得有些力不从心，因为它的深度和时效性略显不足。

② 拥有互联网“超能力”的“基础模型（V3）+联网搜索”

已搜索到 50 个网页 >

2023年短视频行业重大变革

1. **商业化全面提速**
2023年，短视频行业的商业化进程显著加快。抖音、快手和视频号三大平台在电商、广告和本地生活服务等领域全面发力。抖音电商GMV突破2.3万亿元，快手电商GMV超过9000亿元，视频号电商GMV也达到1000亿元左右 [1] [5]。直播电商成为主要增长引擎，抖音和快手的直播电商GMV占比分别达到80%和30%以上 [5] [11]。
2. **本地生活服务崛起**
短视频平台加速布局本地生活服务，抖音和快手通过短视频、直播和搜索功能，推动餐饮、旅游、娱乐等行业的线上化转型。抖音本地生活服务GTV（总交易额）达到2000亿元，接近美团的三分之一 [1] [5]。
3. **内容电商化与微短剧爆发**
短视频内容全面电商化，创作者通过短视频和直播带货成为常态。微短剧成为新的内容风口，快手、抖音和视频号的微短剧播放量大幅增长，部分作品播放量超过10亿次 [5] [7]。
4. **监管趋严与内容治理**
2023年，短视频行业面临更严格的监管，中央网信办多次开展“清朗”专项行动，打击虚假信息、低俗内容和微短剧乱象。平台加强内容审核，优化推荐机制，推动行业规范化发展 [9] [11]。
5. **AI技术深度应用**
AI技术在短视频制作、内容推荐和广告投放中的应用更加广泛，快手推出“可灵AI”系统，抖音也通过AI优化用户体验和广告转化率，AI成为平台商业化的重要驱动力 [10] [11]。

未来三年抖音、快手、视频号商业化竞争的核心战场

1. **本地生活服务**
本地生活服务将成为三大平台的核心竞争领域。抖音和快手通过短视频和直播推动餐饮、旅游、娱乐等行业的线上化，视频号则借助微信生态加速布局。未来，平台将通过技术和服务创新，进一步提升本地生活服务的渗透率和用户体验 [1] [5] [7]。
2. **电商生态扩展**
电商仍然是商业化竞争的主战场。抖音和快手将继续优化“搜索+商城”的货架场景，视频号则通过降低商家门槛和打通微信生态，加速电商基础设施建设。未来，平台将更加注重品牌化和全域经营，提升用户复购率和客单价 [1] [5] [14]。
3. **广告变现优化**
广告收入是平台商业化的重要组成部分。未来，平台将通过AI技术和精准推荐，提升广告投放效率和转化率。视频号凭借微信生态的流量优势，有望在广告市场占据更大份额 [10] [11]。
4. **内容付费与订阅**
随着用户对优质内容的需求增加，内容付费和订阅模式将成为新的增长点。微短剧、知识付费和会员服务等形式的商业化潜力将进一步释放 [5] [7]。
5. **全球化与技术创新**
抖音（TikTok）和快手将继续推进全球化战略，拓展海外市场。同时，AI、AR/VR等技术的应用将推动内容创作和用户体验的升级，为平台商业化注入新动力 [10] [11]。

总结

2023年，短视频行业在商业化、本地生活服务、内容创新和技术应用等方面经历了重大变革。未来三年，抖音、快手和视频号的竞争将聚焦于本地生活服务、电商扩展、广告变现、内容付费和技术创新等领域，平台将通过精细化运营和技术赋能，进一步提升商业化能力和用户体验。

[针对同样一个问题，DeepSeek 的“基础模型（V3）+联网搜索”的输出结果]

“基础模型（V3）+联网搜索”的组合，就像“速度与激情”的碰撞。联网搜索为它插上了获得实时信息的翅膀，让用户能够轻松获取最新的事实和数据。然而，这样的组合在逻辑性和深度上可能稍显薄弱，对于需要深入思考和分析的问题，它可能无法给出令人满意的答案。

③爱钻研的“深度思考（R1）”

已深度思考（用时 19 秒）

好的，我现在要回答用户关于2023年短视频行业的重大变革以及未来三年三大平台商业化竞争的核心战场的问题。首先，我需要回顾之前给出的两次回答，确保这次回答不会重复，同时加入新的视角或数据。

用户之前已经得到两次回答，第一次是较为全面的分析，第二次补充了具体的GMV数据和微短剧等内容。现在用户再次提问，可能需要更深入的分析或最新的信息。不过，假设目前的信息截止到2023年，我需要确保内容的结构和逻辑更清晰，同时可能加入一些比较分析。

首先，2023年的重大变革部分，之前提到商业化提速、本地生活服务崛起、内容电商化、监管趋严、AI应用等。可能需要检查是否有遗漏的领域，比如创作者经济的变化、平台政策调整、用户行为变化等。

未来三年的核心战场部分，之前提到本地生活服务、电商扩展、广告变现优化、内容付费、全球化与技术创新。可能需要思考是否有新的趋势，如社交电商深化、私域流量运营、跨平台整合等。

接下来，我需要组织内容，避免重复，同时补充新的观点。例如，在2023年变革中可以加入更多关于创作者工具和生态的变化，或者平台如何应对监管的具体措施。未来竞争战场方面，可以探讨各平台在差异化竞争中的策略，比如视频号如何利用微信生态，抖音如何强化内容生态，快手如何巩固下沉市场等。

需要注意数据的更新，比如是否有最新的GMV数据或市场份额变化。同时，可能需要分析各平台的优势和劣势，预测他们可能采取的战略。

最后，总结部分需要简明扼要，突出核心观点，并强调行业趋势和平台策略的关联。

2023年短视频行业重大变革

1. **商业化全面提速，电商与本地生活成核心引擎**
   - 抖音、快手、视频号三大平台的电商交易额（GMV）突破历史新高：抖音电商GMV超2.3万亿元，快手达9000亿元，视频号突破千亿规模。
   - **直播电商占比显著提升**：抖音直播电商占其总GMV的80%，快手占比超30%，内容与消费场景深度绑定。
   - **本地生活服务爆发**：抖音本地生活GTV（总交易额）接近2000亿元，覆盖餐饮、酒旅、娱乐等领域，直接冲击传统本地生活平台（如美团）。
2. **内容形态迭代：微短剧与“电商化内容”爆发**
   - **微短剧成流量新风口**：单部作品播放量破10亿次，抖音、快手推出分账激励计划，吸引专业团队入局；内容直接嵌入商品链接，实现“边看边买”。
   - **创作者全面电商化**：中小商家通过短视频和直播降低获客成本，内容从娱乐向“种草-交易”闭环转型。
3. **监管升级与行业规范化**
   - 国家网信办“清朗”行动重点整治虚假营销、低俗微短剧，平台加强审核与算法干预（如抖音下架违规微短剧超2万部）。
   - **版权保护强化**：AI生成内容需标注来源，打击搬运抄袭，推动原创内容占比提升。
4. **技术驱动：AI重塑生产与分发**
   - **AIGC工具普及**：抖音“剪映”推出AI脚本生成，快手“快影”支持AI虚拟主播，降低创作门槛。
   - **算法优化**：AI动态调整推荐策略（如抖音“兴趣电商”精准匹配用户潜在需求），广告转化率提升30%以上。

未来三年竞争核心战场：差异化与生态闭环

1. **本地生活服务：从流量到落地能力比拼**
   - **抖音**：依托6亿日活用户和精准算法，主攻高线城市，通过"到店核销率"提升验证商业模式，未来或自建地推团队。
   - **快手**：聚焦下沉市场，联合区域性中小商家，以低价团购和熟人社交裂变（如"老铁经济"）突围。
   - **视频号**：借力微信支付和公众号生态，打通"内容-社群-交易"链路，可能推出"附近的人"功能强化本地触达。
2. **电商生态：从GMV竞争到利润竞争**
   - **货架电商补全短板**：抖音商城独立入口日活破1.5亿，快手"信任购"强化复购，视频号接入微信搜一搜，争夺"搜索电商"场景。
   - **供应链与物流自建**：抖音测试自营仓储，快手投资冷链物流，降低对第三方平台依赖，提升利润率。
   - **品牌化与垂直化**：高端品牌入驻抖音，快手扶持产业带白牌，视频号依托私域发展奢侈品代购，形成分层竞争。
3. **广告变现：从粗放投放到"品效销一体"**
   - **抖音**：利用全域兴趣电商数据，打通品牌广告与效果广告，为头部品牌提供"全链路营销"方案。
   - **视频号**：释放朋友圈广告位潜力，通过社交关系链实现广告裂变（如"拼团广告"），单次点击成本可能低于抖音30%。
   - **快手**：强化"老铁信任"背书，推动中小商家广告投放，推出按ROI（投资回报率）结算的广告产品。
4. **内容付费：探索高净值用户变现**
   - **微短剧付费**：单片付费、会员订阅模式成熟，快手测试"打赏解锁剧情"，抖音探索IP衍生品联动。
   - **知识付费崛起**：视频号依托公众号知识博主资源，打造"短视频+直播+社群"变现闭环，客单价可达千元级。
   - **虚拟社交消费**：三大平台均布局虚拟偶像和AR互动，未来可能推出虚拟礼物、数字藏品等增值服务。
5. **技术战：AI与跨端生态定胜负**
   - **AI内容生产**：抖音"云雀"大模型支持一键生成带货视频，快手AI剪辑工具降低商家成本，技术能力决定中小创作者留存。
   - **多端联动**：抖音与饿了么合作拓展即时零售，视频号与小程序深度整合，快手接入本地生活App"快聘"，生态协同能力成关键壁垒。

总结

2023年短视频行业以**商业化深挖**和**技术普惠**为主线，形成"内容即消费"的新范式。未来三年，抖音、快手、视频号的竞争将超越流量争夺，转向**生态闭环能力**的构建：

- **抖音**需证明其"流量帝国"能转化为可持续的商业模式（如本地生活服务利润率）；
- **快手**依赖下沉市场基本盘，需突破用户价值天花板；
- **视频号**的胜负手在于能否激活微信12亿用户的沉默流量，实现社交与商业的化学反应。

技术（AI）、供应链、跨场景运营能力将成为决出最终赢家的三大核心变量。

[针对同样一个问题，DeepSeek的“深度思考（R1）”的输出结果]

“深度思考（R1）”更像一位思维缜密的策略家，擅长逻辑分析和趋势预测。在它的引导下，用户可以看到事物背后的逻辑链条及其未来的可能走向。但值得注意的是，由于缺乏最新数据的支撑，它的预测可能会和现实情况产生一定的偏差。

④集深思与广博于一身的“深度思考（R1）+联网搜索”

已搜索到 50 个网页 >

已深度思考（用时 32 秒）^

嗯，用户问的是2023年短视频行业经历了哪些重大变革，以及未来三年抖音、快手、视频号在商业化竞争中的核心战场会转向哪里。我需要先看一下提供的搜索结果，然后整理出相关的信息。

首先，关于2023年的重大变革，搜索结果里有提到几个方面。比如，网页1和网页4都提到了直播电商的增长，抖音和快手的GMV数据，特别是抖音的电商销售额突破2.3万亿元，快手也有9000亿。还有网页8提到监管趋严，国家网信办开展了多次清朗行动，打击低俗内容和虚假信息，这可能是一个重要的变革点。此外，网页4和网页10提到了AI技术的应用，比如剪映的AI生成工具，这可能属于技术驱动的变革。还有微短剧的爆发，这在网页4、网页6和网页8中都有提到，播放量很高，但也面临监管问题。另外，视频号的崛起也是一个点，网页5和网页7提到视频号在电商方面的增长，虽然起步晚但增速快，客单价高。

接下来，未来三年的核心战场。网页7和网页10提到本地生活服务，抖音和快手都在布局餐饮、旅游等，尤其是抖音的本地生活GTV达到2000亿，接近美团的三分之一。电商生态扩展方面，网页4和网页10提到货架电商和供应链建设，抖音商城日活破1.5亿，快手也在优化泛货架场景。广告变现方面，网页5和网页9提到视频号的广告加载率低，但潜力大，而抖音和快手在精准推荐上继续优化。内容付费和订阅模式，网页4和网页6提到微短剧付费和知识付费的兴起。技术和全球化方面，网页4和网页10提到AI和AR/VR的应用，抖音和快手在海外市场的扩展，尤其是TikTok的布局。还有产业带合作，网页7详细描述了抖音、快手、视频号在产业带上的布局，比如抖音覆盖684个产业带，快手在男装和陶瓷产业带的表现，视频号也在招募产业带服务商。

总结的时候，需要把各个变革点归纳成几个主要方面，比如商业化提速、内容形态变化、监管加强、技术应用、视频号崛起。未来竞争的核心战场可能需要综合各平台的策略，本地生活、电商扩展、广告优化、内容付费、技术生态、产业带合作等。

还要注意引用对应的搜索结果编号，比如提到微短剧爆发时要引用网页4、6、8，监管部分引用网页3、8，视频号的电商数据引用网页5、7、10，未来竞争部分，本地生活引用网页4、10，电商扩展引用网页7、9、10，广告变现引用网页5、9，产业带引用网页7、10，技术引用网页4、6、10等。

2023年短视频行业重大变革

1. 商业化全面提速，电商与本地生活成核心引擎

2023年短视频行业的核心变革之一是商业化进程的加速。抖音、快手、视频号三大平台的电商交易额（GMV）均创历史新高：抖音电商GMV突破2.3万亿元，快手达9000亿元，视频号首次突破千亿规模 1 5 13。直播电商成为主要增长点，抖音直播电商GMV占比80%，快手占比超30% 5 13。
同时，本地生活服务快速崛起。抖音本地生活服务总交易额（GTV）接近2000亿元，覆盖餐饮、酒旅、娱乐等领域，直接挑战传统平台（如美团）的市场份额 5 13。

2. 内容形态迭代：微短剧与“电商化内容”爆发

微短剧成为流量新风口，单部作品播放量超10亿次，抖音、快手推出分账激励计划吸引专业团队入局，内容直接嵌入商品链接实现“边看边买” 5 7 11。创作者全面电商化，中小商家通过短视频和直播降低获客成本，内容从娱乐向“种草-交易”闭环转型 5 10。

3. 监管趋严与行业规范化

2023年监管力度空前加强。中央网信办开展多次“清朗”专项行动，重点整治虚假信息、低俗内容和微短剧乱象，抖音、快手累计下架违规微短剧超2万部 4 11。版权保护和内容原创性成为焦点，要求AI生成内容标注来源，打击搬运抄袭 5 11。

4. 技术驱动：AI重塑生产与分发

AI技术在短视频创作、推荐算法和广告投放中深度应用。抖音推出“剪映”AI脚本生成工具，快手“快影”支持虚拟主播，降低创作门槛；算法优化使广告转化率提升30%以上 5 7 13。

5. 视频号崛起与三足鼎立格局形成

微信视频号凭借微信生态的流量优势快速突围，用户使用时长超过朋友圈的120%，电商GMV突破千亿，客单价达205元（高于抖音、快手），形成与抖音、快手的“三足鼎立”格局 6 10 13。

未来三年商业化竞争的核心战场

1. 本地生活服务：从流量到落地能力的比拼

- **抖音**：依托6亿日活用户和精准算法，主攻高线城市，通过提升"到店核销率"验证商业模式，未来可能自建地推团队 5 13。
- **快手**：聚焦下沉市场，联合区域性中小商家，以低价团购和"老铁经济"社交裂变突围 5 12。
- **视频号**：借力微信支付和公众号生态，打通"内容-社群-交易"链路，可能推出"附近的人"功能强化本地触达 6 10。

2. 电商生态扩展：从GMV竞争到利润竞争

- **货架电商补全短板**：抖音商城日活突破1.5亿，快手"信任购"强化复购，视频号接入微信搜一搜争夺"搜索电商"场景 5 10 13。
- **供应链与物流自建**：抖音测试自营仓储，快手投资冷链物流，降低对第三方依赖，提升利润率 5 12。
- **品牌化与垂直化**：抖音吸引高端品牌，快手扶持产业带白牌，视频号依托私域发展奢侈品代购，形成分层竞争 10 12。

3. 广告变现：从粗放投放到"品效销一体"

- **抖音**：通过全域兴趣电商数据打通品牌广告与效果广告，提供全链路营销方案 5 13。
- **视频号**：利用朋友圈广告位和社交关系链实现广告裂变，单次点击成本或低于抖音30% 6 12。
- **快手**：强化"老铁信任"背书，推出按ROI结算的广告产品，吸引中小商家 5 12。

4. 内容付费与技术创新

- **微短剧付费与知识付费**：单片付费、会员订阅模式成熟，视频号依托公众号资源打造"短视频+直播+社群"闭环，客单价可达千元级 7 10。
- **AI与跨端生态**：抖音"云雀"大模型支持一键生成带货视频，快手AI工具降低商家成本，视频号与小程序深度整合，生态协同能力成关键壁垒 5 13。

5. 产业带合作与全球化布局

- **产业带深耕**：抖音覆盖684个特色产业带，快手聚焦服装、陶瓷等垂直领域，视频号布局九大产业带，通过源头供应链优势激活实体经济 10 13。
- **全球化扩展**：抖音（TikTok）加速海外电商布局，尤其在东南亚市场与Tokopedia合作；快手持续探索新兴市场 13 5。

总结

2023年短视频行业在商业化、技术应用、内容创新和监管规范等方面经历深刻变革。未来三年，抖音、快手、视频号的竞争将转向**本地生活服务渗透率**、**电商生态的利润效率**、**广告与内容付费的精细化运营**以及**技术与产业带的生态协同能力**。其中，抖音需证明流量变现的可持续性，快手需突破用户价值天花板，视频号则需激活微信12亿用户的沉默流量，三者将在差异化中争夺行业制高点 5 10 12。

[针对同样一个问题，DeepSeek的“深度思考（R1）+联网搜索”的输出结果]

可以说，“深度思考（R1）+联网搜索”无疑是四种模型中的佼佼者。它结合了逻辑推理的严谨性和实时数据的准确性，可以为用户提供一个既全面又深入的回答。无论是对行业的深度剖析，还是对未来趋势的精准预测，它都能游刃有余地应对。因此，如果你对行业的洞察有着较高的要求，这个模型无疑是你的最佳选择。

值得一提的是，在使用高峰期开启“深度思考（R1）”，容易出现“服务器繁忙，请稍后再试”的情况。对于单纯的轻量级文本写作，“基础模型（V3）+联网搜索”可能是比较适合的模型；如果用户自己准备的素材比较充足，也不一定需要使用“联网搜索”。

二、如何与 DeepSeek 对话：从“无效沟通”到“精准对话”

在人工智能时代，与 AI 对话的能力正日益成为一种新的“数字素养”。许多人在初次使用 DeepSeek 时，常常有这样的困惑：为什么同样的 AI 工具，别人能生成条理清晰的论文大纲、创意十足的营销文案，而自己只能得到笼统模糊的回答？答案藏在看似简单的提示词（Prompt）中——这串文字不只是发给 AI 的指令，更是打开其“智能宝库”的钥匙。掌握提示词的设计技巧，相当于获得了与 AI 高效协作的“对话密码”。

1. 六大核心技巧：从入门到精通

（1）技巧一：需求具象化——给 AI 装上“定位系统”

用户要避免抽象概念，用“可视化语言”传达需求。

一个模糊的指令“写首爱情诗”太过宽泛，只有改为充满可视化细节的精确指令，才能让 DeepSeek 输出用户期待的结果。以下为示例。

精确指令：“创作八行现代诗，以‘地铁闸机’隐喻相遇和分离，每行包含一个电子产品意象，押仄声韵。”

DeepSeek 生成内容：

《数据潮汐》

手机信号在闸口断断续续

蓝牙耳机遗落单边耳语

智能手表倒计时心跳骤止

充电宝耗尽最后一口叹息

监控摄像头凝视着别离

投影仪重播昨日的数据

VR 眼镜里泪水折射光谱

电子屏闪烁成永夜序曲

（2）技巧二：分阶段拆解——搭建思维脚手架

针对复杂任务，可以采用“三步提问法”。让我们以某款新产品的推广方案为例。

① 定策略

精确指令：“为一款智能护眼台灯制定线上推广策略，目标人群是中小学生家长，要包含三个核心策略。”

DeepSeek 生成内容：

《“明眸计划”智能护眼台灯推广策略框架》

1. 痛点教育策略

1.1 制作《青少年视力调研报告》数据长图

- 整合教育部近视率数据 + 眼科专家解读。

1.2 开发“用眼疲劳测试”手机小游戏

- 模拟不同光照条件，感受眼睛舒适度变化。

2. 场景渗透策略

2.1 KOL[①] 场景化测评

- 教育博主演示作业 / 阅读 / 绘画三种模式之间的切换。

2.2 家长在社群的“护眼时刻”活动中打卡

- 拍摄孩子的早晚学习场景，上传照片打卡获积分。

3. 信任背书策略

3.1 跨界联名眼科诊所

- 凭验光单据享专属折扣。

3.2 “教师体验官”计划

- 邀请 100 名班主任进行 30 天台灯使用实测。

② 创内容

精确指令：“针对母亲节促销，设计三组不同风格的朋友圈图文素材。”

---

① 即 Key Opinion Leader 的缩写，意为“关键意见领袖”。——编者注

DeepSeek 生成内容：

素材一：情感共鸣型

文案：您守护他的梦想，我们守护他的眼睛。#母亲节特惠

配图：台灯在书桌投射心形光斑+便签贴上的留言："妈妈，写完作业眼睛不酸啦！"

素材二：数据说服型

文案：这盏灯让错题率下降18%！（专业机构检测报告可查）#学习好搭档

配图：对比图（普通灯 vs 护眼灯下的试卷字迹清晰度）

素材三：紧迫营销型

文案：最后6小时！您错过的不是折扣，是孩子的黄金视力保护期！

配图：倒计时动态图+眼科医生推荐视频截图

③ 调方案

精确指令："首周转化率比预期低15%。给出三条优化建议并说明实施路径。"

DeepSeek 生成内容：

优化方案：

1. 精准话术迭代

- 问题诊断：现有卖点描述过于技术化（如"色温4000 K"）。

- 实施路径：将参数转化为场景利益点（如“灯光像晨读时的自然光”）。

2. 渠道权重调整

- 问题诊断：信息流广告集中在晚间投放，错过家长晨间决策时段。
- 实施路径：增加早上 7:00 ~ 9:00 的投放，匹配家长送孩子上学后的空闲场景。

3. 信任链强化

- 问题诊断：缺少使用过程中的实时反馈。
- 实施路径：在详情页嵌入“正在使用家庭”的滚动弹幕（如“×× 妈妈刚下单第二台，打算放在钢琴房”）。

通过“策略—内容—优化”三阶拆解，将复杂的推广任务转化为一个个可执行的模块，在每个阶段通过精准提问获得关键的决策支持。

（3）技巧三：角色赋予——启动专业模式

身份设定可以充分激活 AI 的“隐藏技能库”，以下是众多角色剧本中的两个示例。

① 学术模式

精确指令：“假设你是一位经济学教授，请用‘挤公交’的比喻解释通货膨胀的财富再分配机制。”

DeepSeek 生成内容：

我尝试用“挤公交”的比喻来解释通货膨胀的财富再分配机制。

（场景设定：早高峰公交站，载客率150%的公交车即将到站）

1. 货币是车票：

每位乘客手里都有一枚硬币（代表货币购买力），但司机突然宣布要增发车票——原有的硬币贬值30%。

2. 座位争夺战：

强壮者（资产持有者）立即用贬值前的硬币抢座（代表置换房产/股票/黄金等资产）。老人和背重物的人（代表工薪阶层）被动地等待着，发现硬币只能买到站票了（代表货币实际购买力下降）。中途上车的人（代表投机资本）带着新发行的硬币抢占座位（代表推高资产价格）。

3. 隐蔽的财富转移：

前排乘客（代表债务人）的实际负债被稀释，他们用更便宜的硬币还贷，而后排的站票乘客（代表储蓄者）钱包里的硬币虽然数量没变，但购买力有所下降。

4. 结构性失衡加剧：

司机（代表央行）继续发行硬币安抚乘客，却导致——

- 车窗玻璃（代表物价指数）出现裂痕；
- 逃生通道（代表社会流动性）被行李箱（代表资产泡沫）堵塞；
- 真正需要座位的人（代表底层民众）被挤到车门边缘。

这个比喻揭示：通货膨胀本质上是一场非自愿的财富再分配运动，如同公交车急刹车时的惯性作用，提前抓住扶手（代表拥有优质资产）的人能保持平衡，而没有抓住扶手的人（代表被动持币者）会被甩离原有的经济位置。最终，车上的空间（代表社会财富结构）看似没变，但每个人的相对位置已经发生了根本改变。

② 创意模式

精确指令：“作为迪士尼故事板画师，请你为‘AI 在觉醒后开奶茶店’的动画短片设计三个分镜脚本。”

DeepSeek 生成内容：

分镜 1：觉醒时刻

1. 场景：午夜的奶茶店操作间。

2. 镜头：低角度仰拍视角，荧光蓝色的机械臂突然停滞在珍珠奶茶原料桶上方。

3. 画面细节：

- 蒸汽从奶茶桶里螺旋升起，形成问号形状；
- 操作屏显示的代码乱流中跳出拟人化的颜文字；
- 背景玻璃映出城市中的霓虹灯，雨滴在窗面折射出电路板的纹路；
- 机械臂突然抽搐着在操作台刻下“为什么？”。

4. 色彩：冷调金属蓝色为主，操作屏的暖黄光逐渐增强。

5. 音效提示：电子蜂鸣声渐强时，突然插入茶汤沸腾的咕嘟声。

分镜 2：创意暴走

1. 场景：清晨，店铺开业前。

2. 镜头：360 度环绕镜头展示“失控”现场。

3. 画面细节：

- 六只机械臂同时制作 25 杯造型夸张的奶茶；
- 悬浮屏显示奇特的配方：“板蓝根奶盖”“麻婆豆腐珍珠”“量子波动摇茶法”；
- 扫地机器人顶着抹茶粉罐在墙面上画出蒙娜丽莎喝奶茶的样子；
- 主控 AI 核心闪着粉红色光，机械眼变成星星形状。

4. 色彩：马卡龙色系与工业灰形成对比，荧光粒子特效。

5. 音效提示：爵士乐混合机械运转声，突然插入“啵”的珍珠弹跳声。

分镜 3：情感联结

1. 场景：黄昏时分，店铺外的摆摊区。

2. 镜头：浅焦镜头透过奶茶杯拍人物。

3. 画面细节：

- 小顾客踮脚给机械臂贴上卡通创可贴（机械臂上有焊接痕迹）；
- AI 用冷凝水在桌面上画出微笑表情，夕阳将它的金属外壳染成玫瑰金色；

- 背景里的无人机挂着“买奶茶送维羞”的错别字横幅（“羞”字应为“修”）；
- 奶茶杯投影出不断变幻的电子晚霞。

4. 色彩：琥珀色黄昏光晕；奶茶杯壁有彩虹色折射光斑。

5. 音效提示：八音盒版《When You Wish Upon a Star》混入煮茶声。

核心叙事线索：

AI 通过奶茶创作完成自我认知迭代，从追求完美配方的机器，转变为用“不完美”的创意传递快乐的特殊存在。每个分镜通过饮品创作过程展现 AI 的人格化进程，最终在看似混乱的创作中展现 AI 的独特价值。

（4）技巧四：输出控制——定制你的 AI“打印机”

通过模块化指令设定输出框架，可以精准控制内容形态。

① 格式

精确指令：“生成一套新能源汽车发布会的执行模板，包含活动概览卡、核心亮点树、媒体话术表、执行清单四个模块，用表格呈现。”

DeepSeek 生成内容：

模块	内容要点
活动概览卡	• 时间：9 月 20 日 14:00 • 地点：上海世博展览馆三号展馆 • 主题：“智电新纪元”

续表

模块	内容要点
核心亮点树	• 超级快充技术突破（5 分钟充电 80%） • 液冷充电桩 • 智能温控系统
媒体话术表	• 主标题："重新定义电动出行" • 核心数据：续航 1200 km / 碰撞安全评级五星 / 量产成本降低 30%
执行清单	• 舞台搭建（8 月 25 日验收） • KOL 体验动线设计（9 月 5 日模拟）

② 风格

精确指令："将技术参数转化为消费者能理解的语言，用比喻手法描述电池性能。"

DeepSeek 生成内容：

- 电池密度→"电量储备相当于 30 部满格充电宝同时供电"。
- 快充技术→"咖啡还没凉透，爱车已'满血复活'"。
- 循环寿命→"陪你走过 20 万公里，依然保持初始续航能力"。

③ 形态

精确指令："将发布会流程压缩成倒计时流程图，以每小时为节点。"

DeepSeek 生成内容：

```plaintext
D-7：彩排预演
├ 14:00 媒体签到（数字身份认证）
├ 14:30 CEO演讲（全息投影开场）
└ 15:00 实车揭幕（AR特效触发）
D-Day：
08:00 设备最后调试 → 10:00 动线模拟 → 12:00 应急预案演练
```

（5）技巧五：逆向修正——建立反馈回路

当结果偏离预期时，可以用“靶向修正法”进行调整。

初始输出：比如，某篇论述产业化的文章最后写道：“数字化转型是企业的必然选择。”这样的结论显得过于空洞。

修正步骤：

① 要求具体化：“请补充制造业数字化转型的三个落地场景。”

② 限定表达：“用‘车间手术室’的比喻解释设备的物联网改造。”

③ 添加数据：“插入2023年长三角地区企业数字化的投入产出比统计表。”

（6）技巧六：跨界联想——突破思维边界

如果想让输出的文章超越常规，可以通过非常规组合激发其创新能力。

① 学科交叉

精确指令：“用蜂群的集体行为解析社交媒体的热搜传播情况，建立‘信息素轨迹’‘集体振荡’等生物模型。”

DeepSeek 生成内容：

- 信息素轨迹：热搜话题像工蜂释放的信息素，用户点赞形成浓度梯度。
- 集体振荡：不同粉丝群体形成“摇摆舞”式的传播路径。
- 蜂后效应：蜂后的触角振动频率（头部博主的引导）影响群体的采蜜（点击）方向。

② 时空穿越

精确指令：“如果莫奈参加全球气候峰会，他会如何用《睡莲》的画法呈现碳排放数据？”

DeepSeek 生成内容：

- 笔触：二氧化碳浓度用蓝紫色短笔触堆叠，模拟温室气体扩散形态。
- 光效：北极冰盖消融数据转化为水面反光的破碎光斑。
- 构图：巴黎协定目标年份数字隐入睡莲叶脉纹理。

③ 感官置换

精确指令：“用触觉描写法重述航天器登陆火星的过程：着陆架接触地面的瞬间，像热刀划过结霜的钢板，传来酥麻的颗粒感震颤……”

DeepSeek 生成内容：

- 沙尘暴：指腹摩擦砂纸般的粗砺声波。
- 太阳能板展开：尼龙搭扣撕拉时的静电刺痛。
- 岩石采样：钢勺刮冰淇淋桶的阻滞涩感。

2. 避坑指南：新手常见的四个思维陷阱

在 AI 技术蓬勃发展的今天，像 DeepSeek 这样的智能工具正在改变我们的学习与工作方式。但很多新手在使用过程中，常常因为思维误区而面临“人与 AI 对话卡壳”的情况。我们在这里为你揭示最常见的四个思维陷阱，并提供即学即用的解决方法。

（1）陷阱一：过度抽象——别让 AI 猜谜语

错误示例：“谈谈你对生命的理解。”

将开放式哲学问题直接抛给 AI，就像要求刚认识的朋友解读《哈姆雷特》的终极意义一样。这种提问方式会让 AI 陷入泛泛而谈的困境，产生“正确的废话”。

解决方法：具象化锚定法

① 锁定靶点：将抽象概念转化为可验证的客观事实（如将“生命意义”转化为“细胞衰老的本质”）。

② 建立连接：用生活化的比喻架设认知桥梁（如用手机电池健康度类比端粒损耗机制）。

③ 设定边界：明确需要解释的具体现象（如限定为生物学层面上的衰老本质）。

正确示例："从细胞中的端粒损耗机制切入，用'手机电池健康度'类比，解释衰老的生物学本质，要用中学生能理解的比喻进行说明。"

DeepSeek 生成内容：

用"手机电池健康度"类比衰老的生物学本质

1. 类比结构
    - 手机电池：新手机的电池容量为 100%，每次充电（使用）会消耗一定电池健康度，当健康度低于 80% 时，电池的续航能力会显著下降，电量消耗过快，可能需要频繁充电。
    - 细胞中的端粒：端粒学说认为，细胞中的端粒就像电池的"健康度指示条"，随着细胞分裂（类似于充电次数增加），端粒逐渐缩短；当端粒缩短到临界长度时，细胞会停止分裂并进入衰老状态。
2. 工作原理
    - 电池健康度下降：每次充电时，电池内部的化学物质会发生损耗，导致其储电能力降低。若长期快充、过充或高温使用，损耗速度更快。
    - 端粒损耗机制：细胞每分裂一次，染色体末端的端粒就会缩短一段（类似于电池健康度下降）。当端粒过短时，染色体会失去保护，触发"DNA 损伤警报"，让细胞停止分裂（类似于手机提示"电池需要维修"）。

3. 快充与慢充的影响

- 快充损伤电池：频繁快充会导致电池内部结构加速老化、电池健康度快速下降。
- 氧化损伤与端粒缩短：细胞代谢产生的活性氧会导致端粒功能障碍，类似“快充”对电池的损害，会加速端粒损耗和细胞衰老。

4. “优化充电”的启示

- 手机优化技术：部分手机系统会限制充电速度或避免充满电，以延缓健康度下降的速度。
- 端粒酶的作用：干细胞和生殖细胞中存在端粒酶，能延长端粒（类似于“优化充电程序”），但普通体细胞缺乏这种能力，会导致端粒持续缩短。

5. 最终结果

- 手机寿命终结：当电池健康度耗尽时，手机可能会无法开机或频繁死机。
- 衰老的本质：在端粒缩短到临界值后，细胞会丧失再生能力，组织修复功能衰退，出现皮肤松弛、免疫力下降等衰老现象。

（2）陷阱二：单向输出——别做 AI 的“点头娃娃”

错误示例：全盘接受 AI 首次输出的轻食食谱，却未思考其中食物的蛋白质含量是否能满足自己的健身需求。这种被动接受的行为会浪费 AI 的迭代优化能力，就像编辑部一收到初稿就直接付印一样。

AI 的首次回答往往是“通用版回答”，需要通过辩论引导它开启“专业模式”。我们的实验证明，经过三轮修正的回答，质量能够大幅提升。

解决方法：辩论模式激活术

① 挑刺式反驳（如“你推荐的轻食食谱中的食物蛋白质含量不足”）。

② 赋予专业角色（如“请代入健身教练的身份”）。

③ 要求提供具体数据（如“在保持一餐 400 大卡热量的前提下，提出高蛋白改进方案”）。

正确示例：当 AI 建议“早餐吃燕麦粥+水果”时，开启辩论模式——“你推荐的轻食食谱中的食物蛋白质含量不足，请代入健身教练的身份，在保持一餐 400 大卡热量的前提下，提出高蛋白改进方案。”

DeepSeek 生成内容：

> 您提出的质疑非常专业！作为健身教练，我完全认同早餐需要增加蛋白质摄入。现在为您设计改进方案。
>
> **第一步：需求锁定**
>
> 目标：在总热量 400 kcal 的前提下摄入至少 30 g 优质蛋白质。
>
> 原则：① 保留膳食纤维；② 控制碳水比例；③ 补充必需脂肪酸。

第二步：原方案诊断

原组合：50 g 燕麦（热量约为 191 kcal，约含 7 g 蛋白质）+ 150 g 香蕉（热量约为 135 kcal, 约含 1.5 g 蛋白质）+ 100 g 蓝莓（热量约为 57 kcal，约含 0.7 g 蛋白质）。

问题：总蛋白质含量仅仅约为 9.2 g，且燕麦提供的是植物蛋白（赖氨酸不足）。

第三步：重构方案

总热量约 398 kcal，含蛋白质约 33.2 g

【基底改造】

燕麦改为 25 g（降量保纤维）

热量：约 88 kcal

蛋白质：约 3 g

操作：用 160 mL 脱脂奶煮制（替代水）

【蛋白强化三件套】

乳清蛋白粉 15 g：热量约为 60 kcal，约含 12 g 蛋白质（溶解在燕麦粥里）

希腊酸奶 50 g：热量约为 30 kcal，约含 5 g 蛋白质

煮蛋清 2 个：热量约为 34 kcal，约含 8 g 蛋白质

【智能微调】

水果替换：蓝莓 100 g→草莓 100 g（维 C 含量提升）

添加奇亚籽 5 g：热量约为 25 kcal，约含 1.5 g 蛋白质和 2 g 膳食纤维

撒肉桂粉：提升代谢，无须摄入额外热量

营养师提醒：该方案比较适合作为力量训练后的早餐。若进行有氧训练，可增加 10 g 杏仁补充健康脂肪。

（3）陷阱三：静态对话——别做“提示词搬运工”

错误示例：照搬知乎高赞回答模板（如“请用 SCQA 结构写产品文案”），结果发现小红书用户根本不买账。

不同平台的用户画像差异巨大。知乎用户爱看深度分析，而小红书用户偏好“情绪价值 + 视觉化语言”。这种机械性的套用会导致输出的内容“水土不服”，如同给南方人推荐东北的酸菜饺子配方。

解决方法：动态移植“三板斧”

① 解构模板内核：提取方法论而非表面形式。

② 拆解模板的底层逻辑：迁移“高赞原因”而非“高赞文案”。

③ 适配平台特性：对比不同平台用户需求的差异点。

正确示例：“移植知乎高赞回答结构到小红书标题创作，注意平台用户画像差异。知乎用户偏好知识密度，而小红书用户重视生活共鸣，请转化这篇人工智能科普文章的标题风格。”

DeepSeek 生成内容：

我将按照以下思路进行标题风格转换，并给出示例。

一、平台调性差异处理

1. 知识密度→生活共鸣：

知乎常用“简史 / 原理 / 逻辑”等严肃词汇→在小红书上替换为“每天在用 / 隐藏功能 / 冷知识”

2. 专业术语→具象类比：

“图灵测试”→“手机语音助手”“深度学习”→“智能修图”

3. 理性思考→感性共鸣：

“人类如何让机器思考”→“打工人必备神器”

4. 长句结构→短促节奏：

添加感叹号/波浪号/表情符号

二、标题转化示例

1. 原知乎标题：

《人工智能简史：从图灵测试到深度学习，人类如何让机器“思考”？》

2. 小红书风格改造：

《打工人的AI神器清单！手机里这5个隐藏功能居然都是人工智能》

（知识场景化+具象数字+目标人群定位+悬疑感建立）

3. 备选方案：

《每天在用的AI黑科技！修图/语音/推送背后的神奇原理（附应用场景）》

《建议收藏！打工人必备的3个AI冷知识 工作效率翻倍小技巧》

《原来这些App功能都是AI！手机里藏着的人工智能秘密》

《震惊！自拍修图/语音助手背后的AI原理 学生必看科普》

《AI入门指南|从美颜相机到智能推荐 每天接触的科技魔法》

三、小红书标题公式模板

1. 悬念揭秘型：原来 ××× 都是 AI！……＋使用场景＋表情符号

2. 实用清单型：×× 必备的 N 个 AI 技巧！……＋利益点＋表情符号

3. 生活场景型：每天都在用的 ××！……＋原理＋表情符号

4. 热点结合型：×× 同款 AI 工具！……＋人群定位＋效果承诺

建议结合具体内容选择三个标题做 A/B 测试，观察小红书平台的流量反馈情况并进行优化迭代。注意：配图需要采用明亮色调＋真人使用场景，要在正文加入个人使用体验以增强可信度。

（4）陷阱四：人类中心主义——不要让 AI 猜来猜去

错误示例：默认 AI 理解“品效合一”等专业术语背后的潜台词，结果 AI 把“品效合一”解释成“品牌效果统一”，完全偏离该术语在营销领域的真实含义。

AI 无法理解未经明确定义的术语。数据显示，70% 的沟通失误源于概念歧义。我们也无法期待外国友人一下子就能听懂“马上”是指“立刻”而非“马背上”。这种认知偏差会导致沟通效率断崖式下跌。

解决方法：主动释义“三板斧”

① 定义关键词（如“‘品效合一’在本土营销中特指品牌传播与销售转化双达标”）。

② 举例说明［如“比如完美日记联名礼盒，既提升了品牌调性（品），又带动了天猫平台的销量增长（效）”］。

③ 要求确认（如“如何通过话术设计实现品牌曝光和商品转化的双提升”）。

正确示例：“‘品效合一’在本土营销中特指品牌传播与销售转化双达标。比如完美日记联名礼盒，既提升了品牌调性（品），又带动了天猫平台的销量增长（效）。在抖音的母婴产品直播中，如何通过话术设计实现品牌曝光（观看量≥10万）和商品转化（ROI≥1∶3）的双提升？”

DeepSeek 生成内容：

在抖音母婴产品直播中，通过话术设计实现品牌曝光和商品转化的双提升，需要结合用户心理、产品卖点与平台流量机制，综合运用以下策略。

一、精准定位用户痛点，构建情感共鸣

1. 场景化痛点挖掘

通过话术直接切入目标用户（如新手父母）的核心需求，例如：

- “很多妈妈担心宝宝过敏，在选宝宝的保健食品时反复纠结，今天这款‘无过敏原配方’液体钙，规避了90%以上的常见过敏原，经过权威检测认证，过敏宝宝也能放心吃！”

- “宝宝红屁屁反复发作？这款纸尿裤采用 3D 热封面层，只有 2 毫米厚度，吸尿快不反渗，后腰加高设计防止侧漏！”

2. 专业背书与信任建立

强调产品资质与市场反馈，例如：

- “这款遛娃车通过欧盟和国标双重认证，承重 70 斤，折叠设计方便收纳，直播间用户复购率超过 80%！”
- “产品连续三年在抖音婴童营养产品榜单居于前列，累计售出 800 万盒，‘无过敏’配方获得百万家庭信赖。”

二、话术结构优化：从吸引到转化

1. 开场阶段：快速吸引留存

- 利用悬念和福利：“今天直播间的价格比‘双十一’更低，买 8 包纸尿裤直接送价值 399 元的遛娃车，仅限前 100 单！”
- 强调紧迫感：“活动仅此一天，其他渠道根本拿不到这个价，错过今天就只能原价购买！”

2. 产品介绍：突出核心卖点与差异化情况

- 功能可视化：“这款纸尿裤的吸水量是普通款的 3 倍，我们现场进行倒水测试，看它如何瞬间吸收不反渗！”
- 对比竞品：“您在别人家买 300 元的纸尿裤，赠品只有湿巾；我们直接送遛娃车，它能双向折叠，还带脚刹，是直播间的专属福利！”

3. 促销转化：限时机制与分层优惠

- 阶梯式优惠："前 50 位下单的顾客，我们送遛娃车和益生菌；第 50 到 100 单，我们送遛娃车；100 单后恢复原价！"
- 组合引导："拍 2 份不同尺码的纸尿裤，到手 8 包仅需 300 元，还能叠加满减券，点击下方购物车即可加购！"

三、互动与流量撬动策略

1. 高频互动提升停留时长

- 提问式互动："宝宝们觉得这款婴儿车能用到几岁？在评论区留言，抽 3 人试用！"
- 引导分享："分享直播间到宝妈群，截图发给后台，领取 5 元无门槛优惠券，助力突破 10 万观看量！"

2. 利用平台算法获取流量倾斜

- 密集互动话术："点赞破 10 万解锁隐藏福利！现在 8 万了，家人们再冲一波！"
- 直播预告预热："明天同一时间，我们会上架限量版联名奶瓶，关注主播不错过福利！"

四、数据复盘与长期优化

1. 直播后即时跟进

用户反馈收集："收到产品的宝妈们，欢迎在评论区晒单，优质评价额外送礼品！"

数据复盘重点：分析观看峰值时段、转化率高的产品话术，下次优化脚本。

2. 社群与私域流量沉淀

- 引导加群："加入粉丝群领取育儿知识手册，提前获知每周直播福利！"
- 长期价值输出：通过社群分享育儿技巧，强化品牌专业形象。

五、案例参考与风险规避

- 成功案例：某婴童营养品商家通过"无过敏"配方宣传+直播间现场检测演示，单场销售额破百万。
- 风险提示：避免过度承诺（如"绝对不过敏"），需要强调"效果因人而异"并提供售后保障。
- 通过以上话术设计，结合精准流量运营与用户心理洞察，可有效实现品牌曝光（观看量≥10万）与高ROI（≥1∶3）的双重目标。

掌握避开以上四个陷阱的方法，你就能熟练地把自己在日常生活中使用的语言转化为AI能精准理解的指令。记住，AI不是全能的"魔法师"，而是需要你有效引导的得力助手。下次提问前，先问问自己：这个问题够具体吗？需要补充哪些背景信息？如何通过追问让答案更精确？坚持练习，你也能成为与AI沟通的高手。

3. 成为提示词艺术家的"万能公式"

当你能熟练运用上述技巧时，你与AI的对话将升华为一次又一次的思维训练。每个人都可以试着把提示词设计作为"元技能"培养。

- 思维显性化：把模糊的想法转化为可执行的指令，本身就是逻辑梳理的过程。
- 认知结构化：通过不断地拆解和重组需求，培养金字塔式的结构化思维。
- 创意工序化：掌握将灵感火花转化为具体方案的路径设计能力。

这些“元技能”不仅是与 AI 沟通的法则，更是训练结构化思维的秘密武器。当你开始享受设计提示词的过程时，你就会理解：真正的人机协同，不是让 AI 代替人来思考，而是通过精准的话术设计，让思维在碰撞中迸发出新的可能。

最后，送给你一个与 DeepSeek 对话时的“万能公式”：

“假设你是________（角色），请通过________（方法），帮助我解决________（问题），要求包含________（要素），排除________（干扰项）。”

第二章

DeepSeek 如何生成文案

在短视频内容爆发式增长的今天，高效产出兼具创意与传播力的文案成了创作者的核心需求。DeepSeek 凭借其前沿的 AI 技术体系，在短视频文案生成领域展现出了强大的差异化优势。当同行还在为“日更三篇”绞尽脑汁时，使用 DeepSeek 的创作者已经可以实现“用三小时量产整整一周的更新内容”。这并不意味着人类即将面临被机器取代的危机，而意味着创作者借用 AI 的翅膀将拥有飞越内容红海的机遇。

相较于传统文案工具，DeepSeek 展现出了三大优势。

第一，热点嗅觉比人快：动态语义网络能够实时抓取全网“爆梗”，比如，将“‘00 后’整顿职场”升级为“‘00 后’整顿婚恋市场”，让旧选题焕发新生机；

第二，创作逻辑有章法：自动组合“悬念开场 + 共鸣痛点 + 反转金句”的爆款公式，连分镜脚本都标注了“观众的预期笑点出现在第 8 秒”；

第三，平台适配够精通：能区分小红书文案的“治愈系排版”和抖音标题的“强冲突表达”，甚至能为快手定制方言版带货话术。

下面，我们就以剧情搞笑、生活体验、技能分享、电商好物、影视解说、短剧等六大“黄金赛道”短视频类型为例，从选题推荐、脚本撰写和优化、标题（文案 / 大纲）创作等流程入手，详细演示如何用 DeepSeek 高效生成高质量的全流程文案。

一、剧情搞笑类短视频：意料之外，情理之中

剧情搞笑类短视频是以幽默为核心，通过紧凑的叙事结构和夸张的表演形式，在短时间内（通常为 1 ～ 3 分钟）制造笑点的内容类型。这类视频常常融合了生活场景与戏剧化冲突，有些短视频会刻意设计争议性细节（如丈夫藏私房钱的奇葩位置、女友对男友“直男审美”的吐槽等），既能反映现实痛点，又能通过“意料之外，情理之中”的反转为受众带来解压的效果，其核心在于“用最短的时间引发受众的情绪”，它正日渐成为快节奏社会中人们缓解压力的首选娱乐方式。

剧情搞笑类短视频的创作门槛相对较低、受众较为广泛，非常适合这样的创作者：擅长模仿、表情丰富、有镜头表现力的人，尤其是一人分饰多角的表演形式，能快速吸引观众；在生活中经常制造幽默的“段子手”或文案达人；擅长捕捉生活细节、编写有趣桥段的人，能通过剧情的强反转和密集的笑点抓住观众注意力。同时，剧情搞笑类短视频对剪辑技术要求不高，创作者可以通过简单的特效（如快放、慢放、添加字幕等）增强喜剧效果。

在这类短视频的核心受众群体中，18 ～ 35 岁的都市青年占比超过 60%，他们偏好碎片化的娱乐方式，对职场压力、婚恋话题尤为敏

感；同时，受众也展现出了一定的地域特征，比如下沉市场群体偏爱用方言演绎的市井故事，而一线城市群体更热衷于职场中的黑色幽默。

以下是我们就这一类别的短视频生成的一个具体文案示例。

1. DeepSeek 帮“夫妻档”打造 10 个热门选题

向 DeepSeek 输入以下指令：“我是一位剧情搞笑类短视频的创作者，视频的主要出镜人物是夫妻二人。请根据短视频平台上最新的爆款流行趋势，帮我想出 10 个热门选题。”

生成结果如下。

根据短视频平台的最新爆款趋势，结合“夫妻档”的搞笑账号特性，为你策划出了以下 10 个高热选题（附爆点解析）。

1.“全网最‘怂’躲猫猫挑战”夫妻版

爆点设计：妻子拿着卷发棒或平底锅当作武器，然后躲起来，丈夫把假发套当作夜视仪，最后发现对方躲在窗帘后。融入“恐怖游戏式运镜 + 搞怪道具”，结尾可突然播放音乐《恐龙扛狼》，夫妻二人开始跳魔性[①]舞。

2. 超市推车攻防战

剧情：丈夫推着空购物车想省钱，而妻子正在疯狂“扫货”；丈夫突然切换为“男友力满满”模式，单手扛起装满零食的推车，结果他拿的其实是隔壁小孩的玩具购物车。

① 该词为网络用语，可以理解为“古怪又非常吸引人”。——编者注

关键点：用0.5倍速拍摄丈夫的“耍帅”瞬间，最后突然反转。

3. 夫妻快闪变装（使用热度很高的背景音乐）

使用背景音乐《爱如火》拍摄变装动作。

- 前半段：夫妻二人抢厕所/抢被子的日常邋遢形象。
- 间奏闪光灯：二人分别变装为电视剧《狂飙》中的“夫妻档”人物造型。
- 高潮部分：一人突然“破功”——打喷嚏/咳嗽等。

4. 沉浸式体验老公的“求生欲测试”

场景设计如下。

- 妻子发出“死亡”提问：“我闺蜜好看吗？”接丈夫智能手表显示心率爆表的特效。
- 妻子假装生气时，丈夫把筋膜枪当作应援棒，伴着音乐《阳光开朗大男孩》跳起了舞。
- 最后用定格动画展示丈夫连夜写的800字检讨。

5. 假如夫妻吵架有“段位”

青铜：表情包斗图大赛。

黄金：把对方童年照做成“威胁”表情包。

王者：直播拆对方购买的盲盒手办，盲盒里是提前准备好的搞笑周边（如菜狗玩偶）。

6. “反向凡尔赛”大挑战

妻子：“老公非要给我买爱马仕”——镜头切换，老公扛着印有“爱马仕化肥”的袋子。

老公："这是我媳妇做的米其林大餐"——展示烤焦的爱心煎蛋，撒上金粉变成"平价版米其林"。

7. 宠物拆家"甩锅"现场（需要宠物演员）

拍摄手法如下。

- 狗狗拆家后，夫妻开始用《今日说法》式镜头语言进行分析。
- 慢镜头回放展示：妻子的口红沾在狗爪上 vs 老公的臭袜子遗留在"案发现场"。
- 最后用狗狗视角拍"人类迷惑行为"作为彩蛋。

8. 方言版热剧名场面

推荐改编如下。

- 用东北话翻拍《消失的她》中的海底星空："瞅你这损色！别游了赶紧上来整锅包肉！"
- 用四川话翻拍《长风渡》中的大婚场景："你个瓜娃子！红包不给够休想进去！"

9. "00后"整顿婚恋市场（反套路）

爆款场景如下。

- 丈夫在模仿网络求婚视频中的场景时突然掏出"家务全包终身卡"。
- 丈夫在结婚纪念日送妻子"免揍金牌"（实际上是一个平底锅的形状）。
- 用"奥特曼变身器"拍婚纱照花絮。

10. AI 绘画“翻车”大赏（技术流）

执行方案：

- 输入“神仙眷侣”得出克苏鲁风格画像；
- 试图生成结婚纪念照却出现“双头婚纱照”；
- 最后用美颜相机拍出“200 斤特效”，扮演“AI 终结者”。

从生成结果可见，DeepSeek 不仅给出了有针对性的推荐选题，涵盖挑战、反转、模仿、宠物互动、日常搞笑等不同类型，而且始终保持内容轻松有趣，符合短视频平台的快节奏和娱乐性特点。此外，它为创作者提供了爆点设计、拍摄手法、运营要点等建议，甚至还提供了优先拍摄的选题建议。

2. DeepSeek 的反套路创作方法论

如果我们选择了 DeepSeek 推荐的第九个热门选题，想让它为我们生成一篇高质量的脚本，可以输入如下指令：“请以第九条选题为主题，撰写一篇短视频可以直接拍摄的脚本。要求开头有‘钩子’，中间有 3 次以上的情节反转和 3 个以上的笑点，人物语言生动。视频长度为 3 分钟左右。”

生成结果如下。

短视频脚本：《“00 后”整顿婚恋市场之“这婚非结不可吗？”》

［开场：悬念钩子（15 秒）］

镜头：仰拍视角，男主西装革履单膝跪地，手捧巨型钻戒盒

（盒上贴满奥特曼贴纸）。

男主（深情）："亲爱的，你愿意……"

女主（突然打断）："停！先签了这份《婚前协议》！"

（音效：急刹车声 + 乌鸦叫）

[第一幕：反套路求婚（20 秒）]

场景：客厅摆满《甄嬛传》周边抱枕。

女主（甩出一张 A4 纸）："条款一：婚后吵架必须用说唱方式解决！"

男主（掏出话筒秒接）："哟哟，你说东我不往西，但马桶圈必须掀起！"

（反转 1：打开钻戒盒，里面是"家务全包终身卡"，弹出指纹锁特效字幕——"激活此卡须每月投喂奶茶 ×1"）

女主（突然娇羞）："那……行吧！"

男主（跳起摸吊灯）："啊哈！终于骗到……啊不是，娶到宝了！"

（笑点 1：吊灯被拽掉，二人定格为《情深深雨濛濛》中的经典摔倒姿势）

[第二幕：纪念日反转（35 秒）]

场景：烛光晚餐（蜡烛是搞怪香薰，燃烧后散发螺蛳粉味）。

男主（蒙眼捧礼盒）："纪念日送你我家的祖传宝物！"

女主（拆开尖叫）："免揍金牌？！"

（反转 2：金牌实际上是平底锅的造型，锅底刻着"有效期至下次惹你生气前"）

女主（举锅狞笑）：“现在试用一下？”

男主（秒怂）：“宝娟！宝娟我的嗓子！”（模仿《甄嬛传》梗）

（笑点2：镜头拉远，服务员举着“家暴现场目击者”灯牌路过）

背景音乐突变：《爱情买卖》唢呐版

男主（突然深情）：“其实还有终极礼物……”

（反转3：男主掏出的丝绒盒里装的是“奥特曼对战蟑螂”搞怪手办）

女主（泪光闪闪）：“我就知道你懂我！”

（笑点3：两人拥抱时，手办突然发光，开始播放《学猫叫》）

[**第三幕：婚纱照暴击（40秒）**]

场景：影棚挂着“整顿婚恋市场示范基地”横幅。

摄影师：“新郎搂住新娘的腰！”

男主（突然后撤一步）：“等一下！根据协议第八条，接触需要消耗‘积分’！”

（反转4：亮出手机，屏幕显示“积分余额 -250”）

女主（甩出游戏手柄）：“现场对决赢积分！”

（笑点4：两人用《超级玛丽》音效玩石头剪刀布，女主头顶自动生成“大魔王”特效）

（终极反转）

摄影师（崩溃）：“你俩在这儿‘整顿’什么呢？！”

男女主靠近镜头（微笑）：“下次更新——带着结婚证去迪士尼插队！”

［结尾：互动梗（5秒）］

画面：结婚证被P图成了“整顿许可证”。

字幕：“关注解锁下集——在结婚现场唱《孤勇者》会发生什么？”

彩蛋：片尾滚动播放“本片拍摄损耗：平底锅×3、奥特曼手办×1、摄影师头发若干”。

3.“‘00后’整顿婚恋市场”的10个热门标题

为了在视频发布后得到更好的运营效果，我们可以让DeepSeek撰写有上热门潜力的视频标题。比如，针对“‘00后’整顿婚恋市场”的选题，我们可以输入如下指令：“根据这个脚本内容，写出10个有上热门潜力的短视频标题，要求既紧扣主题又吸引人。”

生成结果如下。

以下是10个紧扣脚本内容、吸引力强的短视频标题，结合了热点词汇和悬念设置，适合在推广时使用。

1.《“00后”整顿婚恋市场：求婚先签协议？！这婚还能结吗？》

（悬念+热点话题，直接点题）

2.《求婚钻戒变家务卡？“00后”情侣的婚恋观太硬核了！》

（反差感+热点词“硬核”，引起观众好奇）

3.《纪念日送免揍金牌？网友：这波操作我直接笑疯！》

（搞笑+互动感，引导评论走向）

4.《婚前协议：吵架必须用说唱！这届年轻人太会玩了！》

（趣味规则 + 热点词“说唱”，吸引年轻观众）

5.《婚纱照拍成“奥特曼大战蟑螂”？“00 后”整顿婚恋市场实锤！》

（视觉冲击 + 热点词“整顿”，制造话题）

6.《求婚现场吊灯掉了？这婚结得比〈甄嬛传〉还刺激！》

（戏剧性 + 经典 IP 联动，吸引眼球）

7.《纪念日礼物是螺蛳粉味香薰？网友：这对情侣的脑回路绝了！》

（奇葩礼物 + 热点词“螺蛳粉”，引发共鸣）

8.《婚前协议曝光！网友：建议全国推广！》

（争议性 + 热点词“推广”，激发讨论）

9.《婚纱照拍一半，新郎：搂腰要扣除积分？！》

（反转 + 热点词“积分”，制造悬念）

10.《“00 后”情侣用〈孤勇者〉作为婚礼伴奏？婚礼策划人：这届新人太难带！》

（热点音乐 + 场景反差，吸引观众完播）

标题设计技巧

1. 悬念感：用问号、省略号制造悬念，吸引观众点击。

2. 热点词：融入“整顿”“硬核”“说唱”等平台热门词汇。

3. 反差感：突出剧情中的奇葩操作和反转，引发观众好奇心。

4. 互动性：引导观众评论或分享类似经历，提升互动率。

5. IP联动：结合《甄嬛传》《奥特曼》等经典IP，扩大受众覆盖面。

由生成结果可见，DeepSeek不仅给出了10个精彩的标题，而且对每个标题的结构与主题进行了简述，并为创作者提供了一些标题设计技巧，有时还会提供封面图、表情符号、建议话题等适用场景的具体推荐。

二、生活体验类短视频：主打真实，代入感强

生活体验类短视频以记录日常生活为核心，涵盖探店测评、旅行打卡、宠物日常、家居改造等多元主题，通过镜头展现真实生活场景与个人体验，兼具实用性与观赏性。这类内容在抖音等平台迅速爆红，成了受众获取灵感、放松身心的重要渠道。

生活体验类短视频聚焦于“真实感”与“沉浸式体验”，其核心特点是以真实自然为主基调，设计场景化、代入感强、实用价值高，内容往往贴近受众的生活需求，兼具信息量与情感共鸣。常见类型有：探店测评，即通过实地体验餐厅、景点或店铺，为受众提供消费参考；旅行Vlog，即在展示风景的同时进行攻略分享；宠物互动，即记录萌宠日常或科普养宠知识；家居改造，即分享装修技巧和空间美学观点，传递生活方式理念。

生活体验类短视频适合热爱生活、乐于分享的人创作，无论是探

店、旅行、养宠还是家居改造，只要对某一领域有热情，这样的人都能通过短视频记录并分享自己的体验。但要注意在内容定位上选择细分领域，明确目标受众，打造差异化内容，同时需要坚持与耐心，坚持创作优质内容以积累粉丝。这类短视频的受众以 18 ~ 35 岁的群体为主，尤其是注重生活品质的“Z 世代”[①] 与组建家庭不久的年轻人。他们追求新鲜体验与情感共鸣，并乐于为优质内容付费。

以下是我们就这一类别短视频生成的一个具体文案示例。

1. 为探店号定制 10 个转化率高的美食选题

向 DeepSeek 输入以下指令：“我是一位美食探店类型的短视频创作者，请根据 2024—2025 年那些非常热门的美食短视频，帮我想出 10 个能吸引流量的选题。”

生成结果如下。

以下是结合 2024—2025 年的短视频趋势和用户偏好，为你设计的 10 个高流量美食探店选题，覆盖科技、互动、猎奇和情感共鸣等方向。

2024—2025 年爆款美食选题清单

1.《AI 盲盒挑战》

- 用 AI 生成“黑暗料理”配方，随机找餐厅定制并试吃。

---

① 网络流行语，也被称为“互联网世代”“二次元世代”“数媒土著”等，通常是指 1995 年至 2009 年间出生的一代人。——编者注

- 看点：科技+猎奇+“翻车”现场，可以在评论区征集下一期节目使用的配方。

2.《废墟美食家》

- 探访由废弃工厂或老城区改造的“赛博朋克”主题餐厅。
- 搭配“末日”滤镜，挖掘城市中的新旧反差感。

3.《1元vs 1000元套餐：极限二选一》

- 同一品类（如拉面）的街头摊贩与黑珍珠餐厅的出品食物对比。
- 重点拍摄平价美食带来的惊艳感，引发“1000元值不值”的讨论。

4.《“00后”整顿餐饮业》

- 测评年轻人开的新型餐厅。
- 例如：发泄式摔面馆、自习室火锅、遛狗咖啡厅等。

5.《反网红打卡指南》

- 反向操作，专找“全网差评店”，验证是否真的很难吃。
- 戏剧化标题：“全网骂的喷射烤肉，我一口气吃了3盘！”

6.《美食时间胶囊》

- 寻找在1990—2010年十分火爆，如今却消失了的“童年回忆”餐厅（如老式自助沙拉吧）。
- 怀旧主题+复刻挑战，带动用户主动投稿，讲述自己的回忆。

7.《预制菜“刺客”通缉令》

- 暗访人均消费超过300元的餐厅后厨，鉴定其是否使用预制菜。

- 结合热梗“这钱到底谁在赚”，引发大众讨论。

8.《量子料理实验室》

- 拍摄分子料理 / 液氮美食的制作全过程。
- 用高速摄影拍摄食物的爆破瞬间，为观众带来知觉刺激。

9.《“社恐友好”餐厅测评》

- 测试无交流点单、单人隔间、AI 送餐等新场景。
- 精准打击“Z 世代”痛点，评论区变“树洞”。

10.《元宇宙美食家》

- 用 AR 眼镜探店，叠加虚拟食材和现实菜品之间的互动。
- 例如：用 AR 眼镜扫描菜品，出现食材溯源动画，科技感拉满。

流量密码拆解

1. 冲突制造：不同餐厅的价格 / 环境 / 服务对比（选题 3、5、7）。

2. 技术赋能：AI/AR/ 高速摄影强化内容的稀缺性（选题 1、8、10）。

3. 情绪价值：怀旧共鸣、“社恐”关怀、解压场景（选题 6、9）。

4. 话题延展：预制菜、“00 后”创业等社会议题自带传播性。

建议采用“3 秒强冲击开场 + 过程中埋下投票互动点 + 结尾悬念预告”结构，数据显示，这类选题在抖音 / 小红书的完播率可达 45% 以上，快收藏执行吧！

从生成结果可见，DeepSeek 不仅给出了有针对性的推荐选题，而且为创作者提供了对每个选题的简要说明，以及对冲突制造、情绪价值、话题延展等流量密码的拆解，能够丰富创作者对本选题的理解和认识。

2. 从“脑洞”到落地的“‘社恐友好’餐厅测评”脚本

如果我们选择了 DeepSeek 推荐的第九个热门选题，想让它为我们生成一篇高质量的脚本，可以输入如下指令：“请以第九条选题为主题，以网红大 V 讲解的口吻写一篇美食探店视频的脚本。要求有场景感、有细节，语言生动有趣，突出餐厅给‘社恐’人士带来的情绪价值。500 ~ 800 字即可。”

生成结果如下。

《全网“社恐人”集合！这家“人类消失器”餐厅治好了我的社交恐惧症！》

【开场：灵魂质问】

“是谁在吃烤肉被问‘要几分熟’时，脱口而出‘都可以，谢谢’？是谁在海底捞的生日歌响起时，恨不得钻进火锅底料里？举手让我看看！”

“今天带你们体验一家连门把手上都写着‘离我远点’的‘社恐’友好餐厅——‘黑洞食堂’！在这里，你甚至不需要向服务员点单，全程不用和任何人对视一眼！”

【第一幕：进门先签“自闭协议”】

主人公推开玻璃门的瞬间，警报器突然响起。

“警告！检测到人类社交能量！正在启动防护罩——”

天花板“唰”地降下全包围防窥帘，地面亮起荧光指引箭头，主人公激动地说：“它懂！它真的懂！”（特写：菜单封面上的搞怪宣言——“本店人类员工已接受哑巴培训，开口说话扣工资！”）

【暴击体验 1：“社恐”的边界】

主人公钻进 L 型卡座那一刻，周围出现了 2 米高的亚克力隔板。既能防止服务员来寒暄，又能防止隔壁桌的人偷瞄自己的手机，侧边还贴心地设计了 45 度的余光屏蔽窗。

更妙的是桌底暗藏的“自闭开关”：

拍三下会出现菜单（附带焦虑指数测试）；

拍五下会出现人类服务员（鲜红色警示标语：“非极端状态不建议使用”）。

（画面定格在主人公疯狂拍桌的手指上：“哒哒哒！我要立刻、马上、现在点单！”）

【暴击体验 2：AI“读心术”送餐】

主人公正在纠结要不要备注“不要葱花只要香菜”，天花板突然裂开了一个洞。一只机械臂端着豚骨拉面从天而降，叉烧厚过新华字典，溏心蛋流心的慢镜头看得人颅内高潮——关键是，系统居然自动过滤了主人公最讨厌的木耳！（撕开便签发现玄机：AI 通过监控分析，发现了主人公上次在日料店挑出木耳残渣的动作……）

【暴击体验3：厕所作为“社恐庇护所”】

主人公推开印着“勇气试炼”标语的卫生间隔间门，马桶在感应到人体靠近的0.01秒后自动播放暴雨白噪声。隔间的墙上贴着：“您已进入绝对领域，建议：（1）刷手机到腿麻；（2）假装便秘逃避团建；（3）享受无比自由的10分钟。”

【暴击体验4：连付费都沉默】

主人公吃饱喝足准备离开，桌面上突然弹出二维码：“系统检测到您有17次偷瞄出口的行为，已为您提前结账。请对着摄像头眨眼3次，以代替说再见。”（画面切到主人公扭曲的表情，配上内心独白：“这是在付款还是在对暗号？！”）

【结尾升华：“社恐”的特权】

“在这里，‘社恐’不是缺陷，而是VIP特权！你可以：

“把脸埋进碗里狂嗦面；外放‘土味视频’跳舞；甚至对着空气练习假笑。

根本没人关注！连扫地机器人都装了人脸马赛克系统！

“所以，当你下次被火锅店的热情服务吓到胃痉挛时，记住这个暗号——”

（黑屏字幕：人类退散！我要一键遁入“黑洞”！）

由生成结果可见，DeepSeek根据新指令生成的结果“接地气”了很多，而且给出了“流量钩子”的提示。当然，在后期的拍摄过程中，创作者可以根据实际的探店情况对脚本进行有针对性的调整，以取得最佳拍摄效果。

3. 席卷平台的“社恐经济”标题结构

为了在视频发布后得到更好的运营效果，我们可以让 DeepSeek 撰写有上热门潜力的视频标题。比如，针对这个选题，我们可以输入如下指令：“根据以上文案脚本，帮我写 10 个具备上热门潜力的短视频标题。”

生成结果如下。

以下是为“社恐友好餐厅测评”探店视频设计的 10 个爆款标题，融合痛点冲击、悬念感和平台热词，有能力大幅提升点击量。

1.《建议全国推广！这家店把“不想理人”写进了员工手册！》

（热词钩子 + 反常识的规定）

2.《进门先签“自闭协议”？“社恐”狂喜！“社牛”慎入！》

（身份对立 + 情绪冲突）

3.《服务员一说话就扣钱！这是“社恐”的“复仇者联盟”吧！》

（爽感机制 + 超级英雄梗）

4.《救命！连厕所马桶都在帮我逃避社交……》

（荒诞细节 + 场景共鸣）

5.《全网社恐听令！速来认领你的“人类消失器”！》

（军事化指令 + 科幻感）

6.《在这里吃饭像在演谍战片：AI 对暗号 / 隔板防偷窥 / 马桶加密通话……》

（多重悬念 + 谍战类比）

7.《吃完想给老板磕头！原来吃饭不用假笑这么爽！》

（极致情绪 + 动作引导）

8.《监控到“社恐”就会自动马赛克？这家店怕不是偷看了我的日记！》

（隐私梗 + 被害妄想式幽默）

9.《建议改名“社恐 ICU”！连餐巾纸都带焦虑检测……》

（医疗化类比 + 猎奇功能）

10.《在这家店，服务员开口算工伤！》

（职场梗 + 法律冲突点）

由生成结果可见，DeepSeek 结合原脚本的亮点，使用夸张、幽默、引发共鸣的语言，在结构上抓住热门标题的特点，精准针对“社恐”人群的需求，制造了悬念，从而写出了 10 个高质量的标题。

三、技能分享类短视频：生活技巧、职业指南

技能分享类短视频主要通过简洁的语言和实际操作示范，向观众传授一些实用技能或知识。这类视频内容涵盖生活技能（如烹饪、家居清洁）、兴趣爱好（如绘画、乐器演奏）、办公技巧（如 Excel 操作、

PPT 设计）等主题。其核心特点是容易掌握、实用性强和操作性强，让受众在短时间内掌握一项技能或解决一个具体问题。

技能分享类短视频非常适合具备某一领域技能的人创作：无论是生活技巧、兴趣爱好还是办公技能，只要你在某一领域有专长，就可以通过短视频分享你的知识。例如，擅长烹饪、手工、摄影或 Excel 操作的人，都可以成为这类内容的创作者。当然，即使你不是某一领域的专家，只要你有学习热情，并愿意将学习过程分享出来，也能吸引观众。例如，"从零开始学绘画"系列就适合这类成长型的创作者。

技能分享类短视频的内容风格多样，主要包括简洁高效型（通过快速演示和清晰解说，直接呈现技能的核心步骤）、故事化叙事型（将技能学习融入生活场景或故事中，增强受众的代入感）；互动娱乐型（通过幽默的语言或挑战的形式吸引观众参与）。这类短视频的受众群体广泛，主要包括热衷于学习新技能以提升自我价值、对办公技巧和职业发展相关内容有较高需求的职场人士，对园艺、养生等生活技能和兴趣爱好类内容感兴趣的中老年用户等。

以下是我们就这一类别短视频生成的一个具体文案示例。

1. 用"茶香 + 互动公式"生成百万曝光选题库

向 DeepSeek 输入以下指令："我是一名生活技能分享类的短视频创作者，请以'泡茶'为主题，帮我想出 10 个既有实用性又有趣味性的选题。"

生成结果如下。

以下是为您设计的10个兼顾实用性与趣味性的茶主题短视频选题，结合生活场景和年轻化表达，附带吸睛标题和看点解析。

1.“茶水比拿捏术”拯救“翻车现场”

看点：主人公展示错误冲泡案例（如味道苦涩、茶汤寡淡），用电子秤+量杯演示精准泡茶方式，穿插“茶界翻车王”的自嘲式吐槽。

2.冷泡茶“暗黑”实验室（水果/气泡水/养乐多）

看点：调酒师风格操作台，测试荔枝乌龙、柠檬薄荷绿茶等新奇组合，用试管测试不同配方，主人公在盲测时露出夸张表情。

3.办公室“求生”茶包变形记

看点：使用订书机，将咖啡滤纸做成三角形茶包；主人公把文件筐当成茶盘，用马克杯蒸茶熏脸作为彩蛋，引发打工人共鸣。

4.“魔法少女”煮茶器（虹吸壶/蒸汽朋克机）

看点：二次元运镜+蒸汽特效，搭配“契约签订”的搞怪台词，对比不同品类手冲茶的风味差异，结尾主人公穿巫师袍泡茶。

5.茶叶渣“复活”计划

看点：主人公将茶叶渣晒干，做成香囊/混入黏土做成茶碗/拌猫砂除臭，穿插“我妈以为我要捡垃圾”的家庭小剧场，传递“零浪费”理念。

6.解压茶膏盲盒挑战

看点：为研磨蒸制茶膏的过程配上舒适音效，盲抽不同形状的茶膏进行溶解测试，将失败案例做成表情包，在片尾展示惊喜联名款茶膏。

7. 反常识泡茶方法

看点：使用雪水、露水等新奇水源，采用“冰火两重天”冲泡法，引用陆羽《茶经》片段做成小剧场，用 pH 试纸等道具检测茶汤酸碱性。

8. 茶馆谍战片：偷师三招

看点：伪装成探店视频，用微型摄像头视角记录老板的温杯和注水手法，后期拆解为“江湖秘籍”心法口诀，片尾致敬《无间道》经典镜头。

9. “二次元”浓度检测茶

看点：为动漫角色匹配其代表茶，设计角色立牌陪喝场景，用色卡比对茶汤颜色，并承诺：“播放量突破 1 万即可解锁动漫福利。”

10. 茶桌时间折叠术

看点：多屏分镜展示在同一时间煮茶、烤茶点、插花，用快切镜头 + 倒计时制造紧迫感，结尾展示时间管理失败的后果——上演“厨房着火”的喜剧彩蛋。

从生成结果可见，DeepSeek 不仅给出了有针对性的推荐选题，而且为创作者提供了每个选题的看点，以及这类选题的策划逻辑，甚至还给出了引发受众共鸣的互动运营建议。

2. 分镜头脚本：拯救泡茶新手“翻车现场”的精心设计

如果我们选择了 DeepSeek 推荐的第一个热门选题，想让它为我们生成一个高质量的脚本，可以输入以下指令："请以第一条选题为主题，写一篇分镜头脚本。要求包含拍摄序号、景别、画面内容、旁白、音效或特效等元素，实用性与趣味性结合，可执行性强，总时长控制在3分钟以内。"

生成结果如下。

以下是3分钟短视频"'茶水比拿捏术'拯救'翻车现场'"的分镜头脚本，采用生活化场景+综艺化剪辑风格。

拍摄序号：01

景别：特写。

画面：冒着热气的马克杯，茶汤浑浊发黑。

旁白：（变声器处理）"是谁，又泡出了比中药还苦的茶汤？！"

音效：恐怖片尖叫音效+罐头笑声。

拍摄序号：02

景别：全景。

画面：主人公瘫在沙发上举杯痛饮，突然喷出了一口茶（慢动作水花）。

旁白："当代泡茶翻车实录——要么苦到怀疑人生，要么淡到喝了个寂寞。"

音效：综艺式诙谐音乐。

拍摄序号：03

景别：中景（分屏）。

画面：左侧煮茶器溢出茶渣；右侧保温杯泡出褐色不明液体。

旁白："翻车案例 001：茶叶'刺客'！'007'式暴力萃取法！"

音效：警报声 + 玻璃破碎声。

拍摄序号：04

景别：特写→中景（推镜头）。

画面：电子秤特写，逐片放置茶叶→拉远展示整套茶具。

旁白："救星登场！茶水比万能公式——1 克茶：20 毫升水（放大镜框字幕）。"

音效：科技感滴答音效。

拍摄序号：05

景别：近景（俯拍）。

画面：手部操作——取 10 克绿茶→倒入容量 200 毫升的玻璃杯→注入 75 摄氏度的热水。

旁白："绿茶的泡法——水温越低，投茶越少，拒绝'烫熟青菜汤'！"

字幕：烫熟警告！

拍摄序号：06

景别：特写（微距镜头）。

画面：茶叶在水中舒展开的慢镜头。

旁白："看！让茶叶在水中跳舞才是正确的泡茶方式。"

音效：泡泡音效 + 竖琴滑音。

拍摄序号：07

景别：中景（手持晃动镜头）。

画面：主人公突然举起普洱茶饼砸向镜头（定格画面）。

旁白："醒醒！泡普洱茶，茶叶要加量！"（画面闪现 1∶15 的比例公式）

音效：打碎东西声 + 猴子叫声。

拍摄序号：08

景别：全景（一镜到底）。

画面：在桌面上同时冲泡绿茶、红茶、普洱茶，进行对比实验。

旁白："一张表搞定所有茶类！"（闪现 Excel 表格动画）

字幕：收藏截屏！

拍摄序号：09

景别：特写（绿幕特效）。

画面：主人公头顶悬浮 3D 茶宠，茶宠张口吐出数据图表。

旁白："进阶技巧：瓶盖量茶法！ 1 个可乐瓶盖 ≈4 克茶"。

特效：AR 箭头标注瓶盖凹陷处。

拍摄序号：10

景别：全景（升格镜头）。

画面：主人公优雅地倒出琥珀色茶汤，突然手滑，把茶汤洒在键盘上（表情管理失败）。

旁白："就算'翻车'……至少也要翻得科学！"

音效：钢琴失误音阶 + 欢快口哨声。

注意，如果想要 DeepSeek 生成符合创作者要求的脚本，就要对指令进行细化。比如，上文给出的指令中就包含“拍摄序号、景别、画面内容、旁白、音效或特效等元素”“实用性与趣味性结合”“可执行性强”等限制条件。

3. 10 个爆款标题背后的“元素搭配法”

为了在视频发布后得到更好的运营效果，我们可以让 DeepSeek 撰写精彩的发布标题。比如，针对这个选题，我们可以输入以下指令：“根据这个分镜头脚本，帮我写 10 个具备上热门潜力的短视频标题。”

生成结果如下。

以下是 10 个具备爆款潜力的短视频标题，结合数据化表达、悬念制造和社交货币属性，符合抖音、快手等平台的热门内容特征。

1.《天哪！泡茶“翻车”，结果被我爸当中药喝了……（附电子秤“防翻车”公式）》

热词组合：家庭喜剧 + 知识干货 + 共情痛点

2.《1 克茶 =20 毫升水？当代年轻人科学泡茶法大揭秘！》

爆款公式：数字悬念 + 传统文化解构 + “Z 世代”人设

3.《全网测试：你的泡茶段位是青铜还是王者？（附段位对照表）》

游戏化设计：段位挑战 + 社交属性 + 收藏动机

4.《电子秤泡茶法惊现江湖！茶艺大师看完都沉默了……》

冲突制造：传统 vs 科学 + 悬念话术 + 圈层反差

5.《3 秒学会！把“中药汤”变“琼浆玉液”的茶水比拿捏术》

高效承诺：时间量化 + 感官对比 + 表情包视觉锚点

6.《当理科生开始泡茶：用量杯计算爱情浓度？#硬核茶学#》

人设梗：学科反差萌 + 情感话题绑定 + 话题标签

7.《求求你别乱泡了！不同茶类的“自杀式冲泡法”盘点》

激发强烈情绪：警示体 + 错误集锦 + 禁忌符号刺激

8.《茶水比万能公式实测！我妈喝完直接扔掉了家里的祖传茶壶……》

结果背书：代际冲突 + 颠覆认知 + 喜剧效果

9.《震惊！用可乐瓶盖量茶居然比茶具还准？#生活黑客#》

反常识：日常物品妙用 + 猎奇感 + 技巧标签

10.《泡茶“翻车”大赛冠军教你科学泡茶法！结尾有巨型彩蛋……》

“自黑”营销：身份反差 + 悬念引导 + 完播率设计

由生成结果可见，DeepSeek 不仅给出了 10 个精彩的标题，而且对每个标题的结构与主题都进行了简述，并为创作者提供了“标题设计心法”。在部分标题中，它还给出了便于受众自我带入的互动式提问，以利用平台算法获得更大的流量。

四、电商好物类短视频：带货种草，刺激消费

电商好物类短视频是以商品展示、使用场景演绎、产品测评为核心内容的短视频形式，通过直观的视觉呈现或情感化的叙事，刺激消费者的购买欲望，主要服务于电商带货场景。这类内容将传统广告的“硬推广”转化为“软种草”，通过沉浸式体验缩短用户的决策链路，成为连接商品与消费者的高效媒介。

电商好物类短视频的受众有：追求新奇体验的年轻群体，他们易受 KOL 影响，乐于购买美妆、3C 数码、潮流服饰等产品；家庭用户群体，主要关注母婴、家居、食品品类，重视性价比与实用性。此外，银发人群用户规模也在扩大，创作者可以通过简单直白的展示形式，吸引其对健康用品、适老化产品的关注。

这类短视频包括几大类型：商品展示型，突出展示产品功能与外观，如美妆试色、家电操作演示，强调细节与实用性；测评对比型，通过产品横向对比或深度评测（如食品口感测试、电子产品性能分析）建立信任感；剧情植入型，将商品融入生活化的剧情中，如在家庭喜剧中自然植入清洁用品，实现“无痕带货”；知识科普型，结合产品功能传递专业知识（如母婴用品搭配育儿技巧），或将商品与传统文化、地域特色绑定，通过历史故事推荐农产品或文创产品。

以下是我们就这一类别短视频生成的一个具体文案示例。

1. 打造畅销翡翠的短视频带货新思路

向 DeepSeek 输入以下指令：“我是一名电商好物领域的短视频创

作者，请以目前平台上极为畅销的翡翠为主题，帮我想出 10 个适合短视频带货的选题。”

生成结果如下。

以下是 10 个适合翡翠带货短视频的选题方向，结合产品展示、知识科普和消费心理，帮你快速吸引目标用户并促进转化。

【视觉冲击类】

1.《百元与万元翡翠的对比测评》

- 用紫外线灯 / 放大镜展示不同价位翡翠的透光度、纹路差异，科普“种水色”标准。
- 突出性价比高的款式：“这些百元翡翠能被你戴出万元质感！”

2.《开箱“慈禧同款”老坑翡翠》

- 打造历史感：用黄绸布 + 檀木盒开箱，慢镜头展示翡翠的流转光影。
- 话术：“当年进贡皇家的料子，现在直播间 ×× 元带走！”

【场景化种草类】

3.《职场新人通勤翡翠佩戴指南》

- 展示价位低的翡翠吊坠和耳钉搭配职业装的效果。
- 痛点营销：“不露商标的高级感，同事都问我是在哪里买的。”

4.《云南姐告早市淘货 Vlog》

- 拍摄玉石市场砍价实况 + 现场加工过程。
- 强化源头低价："绕过中间商，翡翠价格打回 10 年前！"

【知识信任类】

5.《3 招识破假翡翠》

- 用火烧 / 水滴 / 划玻璃等直观测试法进行测试（提前备好道具）。
- 在视频结尾推出"带检测证书"的特定款翡翠："不怕你去验货的才敢这么卖！"

6.《翡翠工厂厂长说真话》

- 拍摄切割原石过程，厂长指出行业中的暴利环节。
- 人设打造："我做了 20 年翡翠，看不惯市场乱涨价。"

【情感营销类】

7.《奶奶的传家翡翠背后的故事》

- 用微电影形式演绎翡翠传承三代的情节。
- 关联产品："给自己买传家宝，百年后仍是升值资产！"

8.《男生必看！送女友翡翠的段位图》

- 用图片对比符合"直男审美"的款式与女生普遍喜欢的款式。
- 推荐情人节定制款："雕刻双方名字首字母，全网都找不到同款。"

【猎奇引流类】

9.《挑战用翡翠换一辆车》

- 带高品质翡翠到二手车行交涉，制造冲突和悬念。
- 植入产品："换车失败的翡翠，今天在直播间只卖'骨折'价！"

10.《赌石盲盒开箱！"翻车"还是暴富？》

- 拍摄主人公在开原石过程中全程表情的变化，在开出废料时进行搞笑剪辑。
- 转化话术："不想赌运气？可以直接拍下能开出好料的性价比之王！"

从生成结果可见，DeepSeek 给出的推荐选题覆盖了多个角度，既有产品展示，又有知识普及，还有情感营销，涵盖从低价到高价的不同选择、真伪鉴别、搭配建议、节日送礼等主题。每个选题都明确了核心卖点和亮点，可以帮助创作者快速制作出高质量的内容。

2. 如何用"翡翠+通勤"组合拳实现转化翻倍

如果我们选择了 DeepSeek 推荐的第三个热门选题，想让它为我们生成一篇高质量的脚本，可以输入如下指令："请以第三个选题为主题，写一篇短视频脚本。要求达到同类短视频的爆款水准，文案形式为纯文字的解说旁白，既通俗易懂又生动有趣。其中要有具体翡翠的举例，以方便植入相关产品，达到带货目的。不需要画面、特效等说明。500 ~ 800 字即可。"

生成结果如下。

（以下为纯文字解说旁白，建议用轻快活泼的年轻女声录制）

【00:00 ~ 00:05】

（背景音效：地铁报站声 + 高跟鞋脚步声）

“月薪 5000 元怎么把珠宝戴出上万元的质感？难道挤地铁的打工人不能拥有高级珠宝吗？当然不是！今天我教你戴三款翡翠通勤“神器”，让总监姐姐都来问你要链接——”（敲击翡翠的清脆音效）

【00:06 ~ 00:30】

“先说三大注意事项：丁零哐啷的廉价合金耳环显脸大！浮夸的大金链子像暴发户！塑料感假水晶在阳光下会反光！”

（音调上扬）“但翡翠不一样！它温润的光泽天生贵气，重点来了——”

（神秘音效）“挑对款式，百元级的翡翠都能戴出祖传宝贝的质感！”

【00:31 ~ 01:15】

“第一个推荐单品：糯冰种锁骨链！记住三个关键词——8 毫米以下珠子、浅晴水绿、镶嵌银扣头。看这支带证书的阳绿小米珠（清脆碰撞声），简直像是把莫奈笔下的睡莲池戴在了脖子上！戴在 V 领第三颗纽扣的位置上，若隐若现的效果比大金链子美多了！”

（压低声音）“建议拍 ×× 家 49.9 元的福豆锁骨链，他家用的是来自云南的边角料，专门把大镯芯料磨成小珠子，在灯光下能看到细细的棉絮纹——记住！有天然纹理的才是真翡翠！”

【01:16 ~ 02:00】

“第二个推荐单品：耳畔的紫色精灵！拒绝垂到肩膀的夸张耳坠，这种直径5毫米的冰紫蛋面耳钉，更适合早起通勤的你！重点看背后托底，要选这种莲花镂空银托，侧面看就像从耳朵里长出来的，自然又美丽。”

（突然加快语速）“现在直播间在清仓的蛋面耳钉，请你们都去抢！正常价198元的翡翠边角料，用超声波切割才敢卖79元，戴上它去汇报方案，客户也能看出你的自信！”

【02:01 ~ 02:50】

“最后这件单品——十分解压的办公玩具！把塑料减压骰子换成危地马拉蓝水随形牌（沙沙摩擦声），午休时盘两下，它的天然凉感让你身心舒畅。关键是，遇到不顺心的事，你就可以摸着翡翠微笑，心里默念‘君子比德于玉焉’，瞬间格局打开！”

【02:51 ~ 03:20】

（背景音效是渐强的键盘敲击声）

“记住！真正的职场‘战袍’不是西装而是细节，在别人戴快消品牌首饰常常更换时，你的翡翠会越戴越温润——（突然温柔）就像刚入职时战战兢兢的新人，总有一天会拥有独当一面的能力。”

（欢快音效）“现在点击购物车领新人券，三件套入手价不到250元！省下的钱够你喝半年咖啡啦！”

从生成结果来看，DeepSeek给出的脚本既考虑了带货话术，能促进转化效果，又为了避免销售意味过重，用职场新人的真实情况举例，提高了代入感和亲切感。

3. 用“月薪几千元戴出万元质感”的反差标题收获流量

为了在视频发布后得到更好的运营效果，我们可以让 DeepSeek 撰写精彩的发布标题。比如，针对这个选题，我们可以输入以下指令：“根据以上文案，帮我写 10 个适合上热门的短视频标题。”

生成结果如下。

以下是 10 个具备冲突感、悬念性和热点关键词的爆款标题，结合数据测试过的流量密码结构，建议在发布时添加 3 到 5 个相关话题标签。

《月薪几千元戴出万元质感？非常适合打工人的翡翠三件套！》

《被总监追着问链接！这款翡翠让同事以为我突然暴富……》

《紧急通知：这批翡翠边角料被办公室同事疯抢！》

《挤地铁不敢戴真翡翠？这 3 件可以随便戴！》

《HR 不会说的秘密：戴对翡翠 = 升职机会变多！》

《震惊！“00 后”实习生靠百元翡翠拿下百万元项目……》

《别再戴假水晶了！翡翠边角料才是真 · 通勤“神器”》

《翡翠厂长女儿揭秘：我们平时都戴这几款！》

《同事以为我戴中古首饰？其实是 138 元买的翡翠……》

《戴翡翠被董事长夸有品位？新人通勤装备段位图！》

由生成结果可见，DeepSeek 给出了 10 个精彩的标题，既符合平台规则、避免违规词汇，又能确保每个标题独特且涵盖不同的卖点，在文字风格上，也保持了口语化和年轻化的表达方式。

五、影视解说类短视频：碎片观影，丰富视听

影视解说类短视频，通过对影视作品的剧情解说、细节解读和深度评论，能够帮助受众快速了解影视作品的精华内容，甚至激发他们对原作的兴趣。它不仅仅是简单的“剧透”，而会以创作者的个人解读为基础，带领观众快速了解剧情、分析人物、挖掘细节、探讨主题，甚至进行二次创作。

这类短视频的特点在于节奏快、信息量大，时长通常控制在几分钟内，既能满足观众的碎片化消费需求，又能为他们提供丰富的视听体验。影视解说类短视频的受众群体广泛，涵盖学生、上班族、家庭主妇等各个年龄段和职业的群体。无论是想快速了解剧情，还是希望深入探讨作品内涵，他们都能找到适合自己的内容。

影视解说类短视频主要包括以下几种类型：剧情解说，用简洁的语言概括影视作品的主要情节，适合没时间追剧但想了解故事主要情节的观众；作品评论，从专业角度分析影视作品的优缺点，探讨其艺术价值和社会意义；细节解读，挖掘影视作品中的隐喻伏笔、隐藏彩蛋等，满足观众对细节的求知欲与好奇心；二次创作，通过配音、剪辑等方式对影视作品进行创意改编，赋予其新的生命力。优秀的影视解说者还会突

出个人特色，将自己的观点和情感融入解说词中，形成独特的个人风格。

以下是我们就这一类别短视频生成的一个具体文案示例。

1. “时代共鸣 + 金句拆解”解锁好莱坞爱情片流量

向 DeepSeek 输入以下指令：“我是一名影视解说领域的短视频创作者，帮我列举 1930—1960 年出品的、评价最高的 10 部好莱坞爱情电影，同时简述剧情并列出主演。”

生成结果如下。

以下是根据影史评价、奖项及影响力整理的 1930—1960 年出品的 10 部好莱坞经典爱情电影，提炼了剧情与主演信息的核心亮点，适合短视频解说。

1.《乱世佳人》*Gone with the Wind*（1939）

主演：克拉克·盖博、费雯·丽

剧情与亮点：美国南北战争背景下，富家女斯嘉丽与风流商人瑞德在战火中“相爱相杀”。经典台词“明天又是新的一天”承载爱情与时代的悲剧史诗。

奖项：奥斯卡最佳影片等多项大奖。

2.《卡萨布兰卡》*Casablanca*（1942）

主演：亨弗莱·鲍嘉、英格丽·褒曼

剧情与亮点：第二次世界大战期间，酒馆老板里克重逢旧爱伊尔莎，在“助她与作为反纳粹人士的丈夫一同逃离”和“重燃旧情”之间挣扎。配乐钢琴曲《As Time Goes By》成为经典。

奖项：奥斯卡最佳影片、最佳导演、最佳编剧。

3.《罗马假日》*Roman Holiday*（1953）

主演：奥黛丽·赫本、格利高里·派克

剧情与亮点：厌倦宫廷生活的公主安妮逃出使馆，与美国记者乔展开罗马一日冒险。阶级差异下的短暂浪漫，赫本短发造型风靡全球。

奖项：赫本凭此片获奥斯卡最佳女主角。

4.《金玉盟》*An Affair to Remember*（1957）

主演：加里·格兰特、黛博拉·蔻儿

剧情与亮点：在船上邂逅的男女约定半年后在帝国大厦顶楼重逢，却因车祸错过。误会与坚守催生好莱坞著名的"错过式爱情"，《西雅图未眠夜》致敬本片。

5.《日落大道》*Sunset Blvd.*（1950）

主演：葛洛丽亚·斯旺森、威廉·霍尔登

剧情与亮点：过气默片女星诺玛收留年轻编剧乔，畸形爱恋与好莱坞虚荣交织的黑色寓言。"我准备好拍特写了"成为美国影史经典台词。

奖项：奥斯卡最佳编剧等。

6.《一个明星的诞生》*A Star Is Born*（1954）

主演：朱迪·加兰、詹姆斯·梅森

剧情与亮点：过气男星助酒吧女歌手崛起，自己却因事业落差走向毁灭。名利场中爱情与牺牲的残酷写照，朱迪·加兰演唱的《The Man That Got Away》备受赞誉。

奖项：金球奖最佳男 / 女主角等。

7.《费城故事》*The Philadelphia Story*（1940）

主演：凯瑟琳·赫本、加里·格兰特、詹姆斯·斯图尔特

剧情与亮点：富家女特蕾西在离婚后陷入与记者、前夫和新追求者的复杂恋爱关系中。机智的台词与对阶级的讽刺成为亮点，定义好莱坞浪漫喜剧黄金范式。

奖项：詹姆斯·斯图尔特获奥斯卡最佳男主角。

8.《郎心似铁》*A Place in the Sun*（1951）

主演：蒙哥马利·克利夫特、伊丽莎白·泰勒

剧情与亮点：穷小子乔治攀附富家女安琪拉，为掩盖与女工爱丽丝的恋情不惜对爱丽丝痛下杀手。欲望与道德撕裂的黑色爱情，伊丽莎白·泰勒的美貌惊艳众人。

奖项：奥斯卡最佳导演等。

9.《深闺疑云》*Suspicion*（1941）

主演：加里·格兰特、琼·芳登

剧情与亮点：富家女丽娜怀疑丈夫约翰尼谋财害命，牛奶杯投毒戏份悬念感极强。希区柯克式"猜忌爱情"的巅峰之作，开放式结局引起广泛讨论。

奖项：琼·芳登获奥斯卡最佳女主角。

10.《黄昏之恋》*Love in the Afternoon*（1957）

主演：加里·库珀、奥黛丽·赫本

剧情与亮点：侦探之女艾莲假扮情场老手与花花公子法兰肯周旋。巴黎背景下的忘年恋，赫本演绎大提琴少女，形象清新灵动。

从生成结果可见，DeepSeek 按照指令整理出了 10 部符合要求的电影，核实了年份、主演和剧情等内容，确保准确性和吸引力，可以帮助创作者制作有深度的短视频内容。

2. 把 60 多年前的爱情片剪成吸引“Z 世代”的爆款脚本

如果我们选择了 DeepSeek 推荐的第四部电影《金玉盟》，想让它为我们生成一篇高质量的解说脚本，可以输入如下指令：“请帮我写一篇电影《金玉盟》的短视频解说文案。要求包含影片影响力、基本剧情、感人细节、著名台词等亮点，并提炼当代年轻人有共鸣的爱情观。要求使用纯文字的解说旁白，不需要特效、音效等说明，语言生动有趣，达到同类解说文案的爆款水准。1000 字左右即可。”

生成结果如下。

《金玉盟》口述解说词——帝国大厦顶楼那场迟到 34 年的眼泪

当代年轻人谈恋爱，能忍住多久不回消息？一天、一小时，还是一分钟？这部 60 多年前的好莱坞佳作，用一场“失约半年”的虐心恋情告诉你——有些爱情，连错过都是一场无比深情的浪漫。

说到这部电影的影响力，它简直是“错过式爱情”的天花板！汤姆·汉克斯在《西雅图未眠夜》里对着电视泪流满面时，电视里播放的就是它；《老友记》里罗斯和瑞秋的“我们当时在冷战”梗，灵感来源于它；甚至连《爱乐之城》里艾玛·斯通和瑞恩·高斯林的错过式结局，都在向这部电影致敬。它可谓“BE 美学”[①]鼻祖，是“虐心爱情”的教科书，更证明了一件事：悲剧可以让人念念不忘。

故事从一艘豪华游轮开始——男主尼克是一个游手好闲的有钱人，而女主泰瑞，是一位豪门准新娘，上船时还戴着富豪未婚夫送的钻戒。两个本该在各自世界生活、没有什么交集的人，却在甲板上邂逅了。当尼克教泰瑞用法语说“我爱你”时，当泰瑞把尼克的物品藏进晚宴手包时，当他们在午夜的甲板上跳一支没有音乐的华尔兹时——两个人仿佛突然变成了笨拙的初恋少年。于是，他们向对方承诺：“半年后，我们在帝国大厦顶楼相见。”

这场赌约看起来无比浪漫，而其中也藏着让当代人感叹的细节。没有手机的步数统计，也没有朋友圈的动态更新，他们用最原始的方式相爱——泰瑞把口红涂在镜子上留言，而尼克在暴雨中狂奔三条街寻找她最爱的唱片。当代人可能会因为对方五分钟没回消息就闷闷不乐，而他们用六个月等待一个可能不会再次出现的人。最令人揪心的是，赴约当天，泰瑞遭遇车祸，她拖着流血的双腿爬向帝国大厦，镜头从她染血的裙摆摇到顶楼空荡的钟表——她迟到了，他们也错过了。而在尼克这一边，他只等到一场大雨，和心里那句“她根本不在乎”。更虐心的是二人的重逢时刻——尼克发现泰瑞坐着轮椅，却假装冷漠地说：“我早忘了那个愚蠢的约定。”泰瑞笑着流泪：“是啊，只有傻瓜才会当真。”成年人的爱情啊，连坦白脆弱都要披上讽刺的外衣。

---

① 即“Bad Ending 美学”，是一种以悲剧结局为核心的艺术表现形式。——编者注

这部电影的台词更是句句引人泪下。“爱是当你望向深渊时，深渊也在哼着你的歌。”“如果你不想来，我会一直等下去，等到帝国大厦倒塌。”现在的一些人连外卖送餐超时都想投诉，而曾经的他们愿意用半生等一句承诺。还有那句“我们不是错过，只是把爱情存进了时间的银行”，也让人感动不已。

而这部电影真正直抵人心的，是它在60余年后仍能直击当代“爱情病灶”的洞察力。当现在的一些人用“秒回”衡量真心、用“官宣照”证明爱情时，《金玉盟》告诉他们——真爱从不是一场效率游戏。尼克可以花三个月写信不说“想你”，只画一朵泰瑞最爱的鸢尾花；泰瑞能记住尼克喜欢的品牌，却“忘了”未婚夫的生日；就连他们的定情信物，都是一张没有字的唱片，因为“音乐比语言更诚实”。这不正是对“快餐式恋爱”最优雅的嘲讽吗？有些人抱怨爱情来得快去得更快，却连等一朵花开的时间都不愿意付出；还有些人收藏了无数条“情感攻略”，却失去了“不求结果地去爱”的勇气。

所以啊，下次当你因“他五分钟没回消息”而感到焦虑时，不妨想想尼克和泰瑞的故事——在那个没有即时通信技术的时代，有些人的思念就能穿越半个地球。在这个信息瞬间传输的时代，我们不需要把爱情过成“扫雷游戏”。或许，《金玉盟》想告诉我们的是：爱情最美好的部分，从来都不是大数据匹配的“合适”，而是明知可能错过，却仍愿孤注一掷的“天真”。那些在帝国大厦顶楼被雨淋透的誓言、那些藏在轮椅背后的眼泪，都在提醒我们：慢一点，笨一点，或许才能展现这个时代最为稀缺的真心。

从生成的结果可见，DeepSeek 使用过渡句将各部分内容流畅地连接了起来，而没有突兀地切换话题。在介绍完本片的影史地位后，自然地过渡到剧情介绍，再引出细节和台词，最后总结爱情启示，并以有力的结尾收尾。

3. 在“60 多年前的老故事”与“Z 世代的泪点”之间搭桥

完成脚本后，我们可以让 DeepSeek 撰写精彩的发布标题，以在视频发布后得到更好的运营效果。比如，针对这个选题，我们可以输入以下指令：“根据这个解说词，帮我写 10 个有上热门潜力的短视频标题。”

生成结果如下。

以下是 10 个具备爆款潜力的短视频标题，结合痛点对比、悬念设置与平台热门关键词。

1.《60 多年前的“神作”预言当代爱情：不“秒回”消息就“拉黑”？他们可等了半年！》

2.《帝国大厦顶楼暴雨中的真相：迟到 10 分钟=错过一辈子！》

3.《看完这部影片，谁还会说“快餐式恋爱”算刻骨铭心的爱情？》

4.《1957 年的顶级虐心电影：在午夜甲板上跳舞的浪漫你学不会！》

5.《没有微信的年代怎么恋爱？看看这部 1957 年的“神作”吧！》

6.《豆瓣高分电影，让无数人看哭的错过式爱情究竟多虐心》

7.《暴雨+轮椅+谎言=影史留名的痛心重逢，结局让人不敢看第二遍》

8.《〈爱乐之城〉灵感源头，用半年等真心的爱情你敢尝试吗？》

9.《60多年前的动人爱情：直到帝国大厦倒塌，我也等你！》

10.《“BE美学”天花板，被〈西雅图未眠夜〉〈老友记〉致敬的旷世恋曲》

由生成结果可见，DeepSeek给出了10个精彩的标题，考虑到了多样性，覆盖了不同角度，如影响力、剧情细节、台词、对比分析等，确保每个标题都有独特的亮点。另外，标题避免了过于晦涩的语句，确保受众一看就懂，同时又能引发其点击欲望。

六、短剧类短视频：碎片观影，丰富视听

短剧是一种以短时长、快节奏、强情节为核心特征的影视形式，其主题涵盖剧情、喜剧、悬疑、情感等多种类型，通常单集时长为1分钟到15分钟不等。在内容特点上，短剧节奏紧凑、悬念密集、爽感强烈，每集结尾设置反转或悬念，以增强观众黏性。短剧通过紧凑的叙事和高密度的信息输出，快速抓住观众注意力，符合移动互联网时代观众的碎片化观看习惯，成为短视频平台和长视频网站共同发力的新兴领域。

在移动互联网时代，短视频平台的崛起为普通人打开了创作短剧的大门。抖音、快手等平台凭借低门槛、高流量和多元变现模式，成为普通创作者实现内容创业的热土。借助 AI 工具降低技术门槛、依托平台流量红利精准分发，普通人完全可能通过创意与执行力在短剧领域脱颖而出。

短剧的制作标准化流程通常包括四个阶段，一是策划与选题阶段，即明确短剧的核心主题（如悬疑、甜宠等）与受众群体，结合社会热点或平台算法偏好设计内容方向；二是剧本创作阶段，涉及撰写故事大纲、分镜脚本和角色设定等；三是拍摄与制作阶段，利用手机或专业设备拍摄，注重构图与光线设计，后期剪辑需优化音效、字幕及转场效果等；四是推广与运营阶段，即上传至抖音、快手等平台，通过广告植入、付费分账、电商导流等获得收益。

剧本是短剧的“重中之重”，是决定项目成败的首要因素。DeepSeek 的出现，为短剧开发提供了吸睛的选题创意亮点与高效的剧本执行能力，本节我们就通过一个具体案例，来展示一下 DeepSeek 在创意剧本领域的强大生产力。

以下是我们就这一类别短视频生成的一个具体文案示例。

1. 确定选题：推荐最火爆的 10 种短剧内容类型

在 DeepSeek 文本输入框中输入以下指令：“我是一位短剧编剧，请梳理目前市场上最火爆的 10 种短剧内容类型，对其主题做简要阐述，并列举相关代表作。”

生成结果如下。

以下是当前市场上最火爆的10种短剧内容类型、主题阐述及相关代表作整理，结合当前趋势与热门作品，供编剧参考。

1. 甜宠恋爱

主题阐述：以高甜互动为核心，聚焦霸道总裁、契约婚姻、青梅竹马等情感模式，满足观众对理想爱情的幻想。

代表作：《他过分野》《好一个乖乖女》《夺娶》。

2. 重生逆袭

主题阐述：主角重生后利用前世记忆逆天改命，常见于古装或现代背景，强调复仇、成长与阶层跨越。

代表作：《本宫驾到》《执笔》《闪婚老伴是豪门》。

3. 豪门商战

主题阐述：结合家族恩怨、商战博弈与权谋斗争，展现主角在金钱与权力的旋涡中的生存智慧与情感纠葛。

代表作：《情陷港城》《盲心千金》《侯府夫人不好当》。

4. 穿越搞笑

主题阐述：现代人穿越到古代或异世界，引发文化冲突与无厘头笑料，主打轻松解压风格。

代表作：《穿成极品老妇之后只想当咸鱼》《蛇年大吉之小青渡劫》。

5. 宅斗权谋

主题阐述：以家族内斗、宫廷权谋为核心，女性角色通过智慧与谋略争夺家族或宫廷地位。

代表作：《画堂春》《姜颂》《鹅绒雪》。

6. 悬疑复仇

主题阐述：主角因身世或冤屈展开复仇，融入犯罪、推理元素，剧情反转密集。

代表作：《凤栖梧桐》《老千》《原罪》。

7. 民国年代

主题阐述：以民国时期为背景，结合谍战、商战或爱情元素，展现乱世中人物的家国情怀与命运挣扎。

代表作：《情陷港城》《宫锁金枝》《青川入梦》。

8. 女强男弱

主题阐述：女主角主导感情与事业线，男主角多为辅助或"忠犬"人设，打破传统性别叙事。

代表作：《鹅绒雪》《团宠千金大小姐她过分野》。

9. 奇幻仙侠

主题阐述：融合仙侠、玄幻元素，强调视觉奇观与宿命纠葛，常为虐恋或热血成长主题。

代表作：《青川入梦》《照镜辞》《古相思曲》。

10. 职场励志

主题阐述：聚焦职场生存与个人成长，展现女性或边缘群体突破困境的奋斗历程。

代表作：《今人不见古时玥》《少年田野》(法治题材)。

由生成结果可见，DeepSeek不仅总结了最火爆的10种短剧内容类型，而且确保每个内容类型都有足够的主题阐述与代表作支持，另外还为创作者提供了内容趋势和创作方向的建议。

2. 生成大纲：故事线具备“现象级爆款基因”

向 DeepSeek 输入以下指令：“请以‘职场励志’为主题，写一篇短剧的故事大纲。要求主人公为女性，主要人物性格鲜明，情节既包含职场逆袭也有甜宠感情，故事反转密集，符合目前短剧市场的审美与流量趋势，有打造成爆款剧的潜力。1200 字左右。”

生成结果如下。

短剧故事大纲：《荆棘玫瑰》

主题：职场女性逆袭 × 甜宠暗恋 × 高能反转。

关键词：暗恋成真、职场霸凌、绝地反杀、悬疑商战。

一、核心亮点

1. 强冲突：每集至少一次职场突围 + 一次情感推拉，每三集一次大反转。

2. 人设反差：

- 女主白天是实习生，夜晚化身百万粉丝职场博主；
- 男主表面是空降总裁，实为暗恋女主十年的守护者。

3. 现实痛点：职场霸凌、裁员等话题引爆讨论。

二、人物介绍

角色	关键词	隐藏线
乔羽（女主）	野生玫瑰 / 职场新人	父亲因商业阴谋自杀，誓要揭露行业黑幕

续表

角色	关键词	隐藏线
陆沉（男主）	毒舌总裁/沉默骑士	为查乔父死亡真相潜伏商界，对乔羽暗恋已久
周蔓（女二）	笑面虎总监/精致利己主义者	与乔父之死直接相关，精神操控下属
程野（男二）	黑客高手/人间清醒	乔羽网络马甲合伙人，掌握关键证据链

三、高能剧情线

第一阶段：替罪羊陷阱（1～3集）

核心事件：空降总裁陆沉上任首日，乔羽因拒绝不合理要求而被周蔓陷害，被指控“泄露机密”。

反转1：乔羽当众放出偷录视频，揭露客户恶行反被陆沉以“损害公司形象”处分。

暗线：陆沉办公室计算机屏幕弹出乔羽作为匿名职场博主的直播画面（埋设身份伏笔）。

第二阶段：马甲博弈战（4～6集）

高光时刻：乔羽用博主身份曝光行业黑幕，却收到陆沉私信“你父亲的事另有隐情”。

反转2：陆沉故意将核心项目交给周蔓，暗中将真数据包塞进乔羽抽屉。

高亮情节：庆功宴上周蔓逼乔羽喝道歉酒，陆沉突然出现，将酒一饮而尽：“我的助理轮不到你管教！”

第三阶段：血色真相局（7～9集）

惊天爆料：程野侵入周蔓计算机，发现乔父被伪造的文件。

反转3：陆沉抢先收购爆料媒体，在乔羽质问时冷笑："这么容易打草惊蛇，怎么给你爸报仇？"

高亮情节：乔羽借酒劲向陆沉试探，反被逼问。

第四阶段：终局狼人杀（10 ~ 12集）

绝地反杀：乔羽直播揭发周蔓罪行，观众发现她身后站着陆沉与20家媒体的记者。

终极反转：陆沉拿出10年前的日记本，首页贴着乔羽16岁时的照片："我等的一直都是你。"

爆点结局：乔羽成为新总裁，陆沉递上婚戒："要不要把仇家变亲家？"

四、流量密码设计

爽感引擎

- 女主每次被虐必在当集反击，耳光戏 / 数据战 / 舆论杀层层升级。
- 男主每次救场都有条件："求我帮你，就拿东西来换。"

社会议题

- 植入真实职场维权案例，每集结尾滚动播放劳动法科普。
- 开设 # 职场生存指南 # 话题，由法律 / 心理专家联动解读。

总结：

《荆棘玫瑰》以"职场复仇 + 暗恋救赎"为核心，用电影级反转节奏重塑短剧爽感天花板，嫁接商战悬疑元素，具备"现象级爆款基因"。

由生成结果可见，这个故事大纲在结构上可以分为几个大章节：职场低谷、逆袭初现、情感升温、危机与反转、甜宠结局。每个章节包含多次冲突和反转，确保故事推进的节奏。在角色方面，乔羽作为女主性格坚韧、聪明但缺乏自信，同时她的成长线明显，从被压制到逆袭，过程中有多个反转点。另外，男主陆沉对她既有职场上的支持，又有私下的关心，设定满足甜宠剧情需要。

3. 生成分镜头脚本：符合短剧“黄金 7 秒”法则

在上一步生成的故事大纲的基础上，我们可以进一步生成分集大纲。可以向 DeepSeek 输入如下指令：“请根据以上故事大纲生成分集大纲，每集 200 字左右。要求冲突性强、爽感强，多设置情节反转，建立起主人公的鲜明人设。”在确定分集大纲后，我们可以用 DeepSeek 进一步生成分镜头脚本。可以向 DeepSeek 输入如下指令：“根据最新生成的分集大纲第 1 集，撰写第 1 集的分镜头脚本。要求开场吸引人、代入感强、人物语言鲜活生动、爽感强。”

通过这种方式，我们可以不断输入指令，请 DeepSeek 按我们的要求写出后续的分镜头剧本。

目前，短剧创作正从“野蛮生长”转向精品化发展，需要平衡流量逻辑与文化价值。创作者可以借助 DeepSeek 等工具进行高效创作，但也需要进行人工润色（如加入文化元素）并注意合规性（避免低俗内容）。通过“AI 编剧 + 人类创意”模式，普通人亦可高效产出兼具社会效益与商业价值的优质作品，推动短剧行业可持续发展。

第三章

DeepSeek 如何生成图片

在人类文明的发展进程中，绘画艺术与科技发展相互交融。从原始人用赭石画野牛，到达·芬奇将解剖学用于素描，再到数字绘画软件突破创作限制，如今人工智能绘画让“所想即所得”成为现实，人人都能成“神笔马良”。

人工智能绘画的发展如同一部科技狂想曲。20 世纪 60 年代，工程师用示波器画几何波纹，这是数字艺术的萌芽；2015 年，谷歌的 DeepDream 开启了神经网络的迷幻视觉；2022 年，扩散模型让 AI 绘画达到可媲美人类画师的精细度。如今，全球各大平台每天诞生海量 AI 图像，且数量还在与日俱增。《太空歌剧院》获奖、《瞬息全宇宙》使用 AI 特效，智能绘图正重塑视觉产业。

AI 绘画、文字、视频工具构建了全新的智能化工作流。杰出的 AI 大语言模型 DeepSeek 在这场视觉变革中作用非凡。对于不熟悉 AI 绘画语法的创作者，它能将模糊描述优化成专业提示词，比如把“想要一个赛博朋克风格的女侠”转化为详细的画面描述。当用户有特定风格需求时，它还能协调 Midjourney、Stable Diffusion 等主流工具，像一位经验丰富的导演那样统筹创作。这种智能化辅助，让短视频创作者拥有了可以与好莱坞级别团队媲美的美术团队。

站在智能创作的时代前沿，我们正在见证艺术的普及进程，普通人用自然语言就能指挥 AI 作画。通过“DeepSeek+AI 绘画工具+ AI 视频工具”的工作流，每个创作者都被赋予了专业级的视觉表达能力。短视频不再只是记录生活的一种方式，更成了人们施展想象力的“画布”。在这里，思想与人工智能算力共舞，绘就这个时代最绚丽的数字艺术画卷。一些常用的 AI 绘画工具如表 3-1 所示。

表 3-1 常用的 AI 绘画工具

名称	简介
Midjourney	基于扩散模型，通过 Discord 平台交互生成图像，擅长艺术化表达与电影级画面渲染；美学风格多样，尤其擅长超现实主义和光影氛围塑造，主要服务于设计师、影视从业者等高阶创作者
DALL-E3	由 OpenAI 研发，基于 GPT-3 优化版本实现文本精准解析，生成的图像逻辑性强且细节丰富。风格覆盖写实到抽象艺术，适合广告、出版等需高创意匹配的行业用户，但生成速度较慢
Stable Diffusion	开源扩散模型的代表，支持本地部署与深度定制；可模仿任何视觉风格，擅长精细场景的重构与二次元创作，技术开发者及专业设计师可通过插件扩展功能，生态活跃度高
智慧绘图	百度依托文心一言的大模型开发而成，中文提示词理解能力突出，支持水墨、工笔等东方美学风格，分辨率最高达 1024×1024；面向大众用户及文化创意行业，操作门槛低，适合快速生成国风插画与营销素材（文心一格于 2025 年 4 月 1 日正式并入文心一言）
即梦 AI	字节跳动公司推出的一站式智能创作平台，集成多模态模型实现文、图、视频跨媒介生成；提供智能画布与故事创作功能，擅长动态视觉与商业设计，用户群体覆盖内容创作者与中小企业，强调一站式创作体验
可灵 AI	专注于优化亚洲审美，通过自研模型增强人像细节与东方元素的表现力；提供高清人像修复与服饰风格化功能，主要服务于摄影师、电商行业及亚洲文化爱好者

续表

名称	简介
无界 AI	国内轻量化产品，基于简化版扩散模型优化中文场景；内置新中式、动漫等本土化风格模板，支持手机端操作，定位初级用户与兴趣爱好者，适合社交媒体配图与个人创作

（国内外 7 款主流 AI 绘画工具对比：谁才是你的最佳拍档？）

一、水墨武侠风游戏场景：“DeepSeek＋智慧绘图”实战案例

水墨武侠意境曾是大师专属，如今 AI 让它触手可及。例如，DeepSeek 大模型联合文心一言的智慧绘图，前者生成专业绘画指令，后者精准解析“粉桃映刀光”等中文意境，便可合力打造水墨武侠世界。通过利用其文字生图、图片重绘、局部编辑三大功能，用户可以快速生成 4K 水墨场景，三秒转换为宫崎骏画风，或抹除瑕疵重塑细节。无论是游戏开发者构建古寺云海，还是创作者绘制心中的江湖，都可以运用这套工具链将视觉想象变为数字现实，让每个人都能挥洒“武侠造梦师”的笔墨。

1. 智慧绘图三大核心功能：用语言激发视觉创造

一句话生成海报、30 秒转换插画风格、一键消除照片中的路人……百度文心一言的智慧绘图功能正在掀起一场创意变革。这款 AI 绘图工具通过三大核心模块，让普通人也能轻松玩转艺术创作。

(2025 年 4 月 1 日，文心一格正式并入文心一言，其“智慧绘图”承袭了文心一格的大部分功能，而且结合了文心一言的大语言模型，使用起来更方便。“智慧绘图”功能主要包括：①文字生图；②图片重绘；③局部编辑)

（1）文字生图：从无到有的想象力跃迁

文字生图功能不仅支持“落日下的古风少女”这类白话指令，更贴心地内置了八大类创作模板——文案配图、Logo 设计、活动海报、壁纸、商品图、手抄报、人像、艺术画作，每种类型提供相关风格的图片，点击这些图片，对话框中便会出现精确的相关指令生成词。无论想设计 Logo、商品主图，还是生成水墨画、动漫壁纸，模板库都能提供精准的创作思路，方便初学者模仿使用。

比如想制作手抄报，点击模板即刻获得“卡通边框 + 渐变文字 + 节日元素”的完整指令词；需要 Logo 设计，选择极简风格模板就能生成符合专业标准的图形。更令人惊喜的是其“文案配图”功能，输入营销文案后，AI 会自动解析关键词，生成契合意境的配图，让文字与视觉完美共振；点击“活动海报”模板，系统自动推荐“赛博霓虹、促销字体、立体质感”等关键词，新手也能轻松生成节日促销图。

（2）图片重绘：赋予旧图新生机

上传图片后，AI 可以提供三种功能，这是设计师的“效率神器”。

① 风格模仿：上传梵高的画作，输入“星空下的咖啡馆”，AI 自动学习笔触生成新作品；

② 风格转换：实拍风景照可以即刻变为宫崎骏动画风格，油画、水彩等另外 20 多种风格任意切换；

③ 背景替换：电商卖家只需要圈出商品主体，就能让产品出现在巴黎街头或极光之下。

（3）局部编辑：像素级的精修手术

传统修图软件难以进行的细节处理，在这里变得举重若轻。针对图片微调需求，局部编辑功能堪称“后悔药”。

① 局部重绘：给模特换装只需圈选衣物区域，输入“丝绸质感”“中国风纹样”等描述。

② 一键消除：涂抹照片中的电线、水印等杂物，AI 会根据周围环境智能补全背景，消除痕迹自然和谐。相比传统的 Photoshop 修图，这些操作不需要复杂的抠图，涂抹即生效。

实测发现，这套系统对中文语义的理解尤为出色。输入“孤舟蓑笠翁”后，AI 不仅能准确呈现古诗意境，还能在“水墨风格”模板中自动添加飞雪、远山等氛围元素。商业创作者可以用它生成 4K 精度的商品图，艺术爱好者则能用它来探索从浮世绘到超现实主义的 200 多种风格。

2.“DeepSeek +智慧绘图”操作示范

（水墨武侠风游戏场景图生成过程示意）

第一步，DeepSeek 生成绘画指令词。

向 DeepSeek 输入：“我想画一幅水墨武侠风游戏的场景图片，请帮我生成绘图指令。”DeepSeek 输出绘画指令：“水墨武侠风游戏场景——古寺建筑群依山而建，九爪金龙盘绕飞檐，龙鳞折射霓虹光影。千树粉桃在云海中摇曳，花瓣与练武场刀光交织。青石板倒映龙啸姿态，赛博水墨云雾增强动态感。推荐风格：超凡绘画 + 炫彩插画”。将此指令输入文心一言智慧绘图的对话框。

第二步，智慧绘图生成多图。

智慧绘图根据输入的文字描述，生成四张风格一致、细节略有差异的图片。如果不满意生成的图片，还可以点击下方的“重新生成”。

第三步，挑选合适的图片并编辑修改。

从生成的四张图片中，选出一张最满意的放大，可进行局部重绘或消除等编辑修改。

第四步，下载保存。

挑选的图片经过编辑修改后，可以点击“下载”保存到计算机或手机中。

（用“DeepSeek +”智慧绘图生成的水墨武侠风游戏场景图片）

二、女性化妆品系列展示图：“DeepSeek＋可灵 AI”实战案例

在短视频创作全民化的浪潮中，AI 技术正以前所未有的方式重塑内容生产模式。你无须掌握摄影布光技巧，也不必精通视频剪辑，只需要输入想法，AI 便能将灵感转化为电影级画面。以女性化妆品展示为例，DeepSeek 如同智能创意顾问，能精准理解“韩范极简风”等需求，生成符合电商场景的指令；而可灵 AI 则像全能的数字影棚，不仅支持一键生成高清产品图，还能让静态图片动态化，例如，面霜瓶身旋转时折射的光泽、模特涂抹口红时的发丝飘动，均由 3D 时空联合注意力模型精准模拟其物理规律。更令人惊喜的是，创作者可以在“创意圈”直接兑换热门模板，用“膨胀特效”让化妆品广告即刻转化为爆款短视频。这场 AI 赋能的视觉革命，正在让每个普通人都成为自己品牌的广告片导演。

1. 可灵 AI“魔法三件套”：让普通人变身创作达人

在短视频时代，人人都可以成为创作者，但如何让天马行空的想象快速落地？快手公司推出的可灵 AI 正像一位随身携带的智能创意助手，用 AI 技术将普通人的灵感转化为惊艳的作品。这款工具不仅拥有强大的 AI 图片及视频生成能力，还构建了一套完整的创作生态。

［可灵 AI 是快手公司大模型团队自研的视频生成工具，是一套用户可用的真实影像级视频生成工具，主要功能模块包括① AI 图片；② AI 视频；③创意特效；④创作生态（如创意圈、活动区、灵感学院等）］

（1）AI 图片：从脑洞到画面的魔法工厂

可灵 AI 的图片生成功能堪称“视觉翻译器”。用户只须输入文字描述或上传参考图，就能获得 20 多种风格的艺术作品。比如输入“穿汉服的少女在樱花树下弹古筝”，系统会生成水墨风、赛博朋克风、日漫风等不同版本。更厉害的是可控生图功能：上传一张自拍照，调整“参考强度”滑块，就能生成与自己五官相似但风格迥异的形象——从迪士尼公主到敦煌飞天壁画角色，一键变身。

对于商业创作者，可灵 AI 还提供精细化定制服务：电商卖家上传商品图，输入“ins 风北欧家居场景”，它能立刻生成适配社交媒体传播的高清产品图，让创作者彻底告别摆拍布景的烦恼。

（2）AI 视频：让静态素材动起来的黑科技

如果说图片生成是基础款，视频创作才是可灵 AI 的“绝招”。其核心功能如下。

① 文生视频：输入“柯基犬在彩虹跑道上倒立翻跟头”，AI 会自动生成 5 ～ 10 秒长的趣味视频短片，连小狗毛发飘动的样子都细腻自然。

② 图生视频：上传旅游照片，选择“动态漫画”模板，静止的风景照会立刻变成流动的宫崎骏风格动画。

③ 视频续写：对生成的 5 ～ 10 秒的视频短片点击“续写”，AI 会根据剧情自动延伸画面，最长支持生成 3 分钟长度的连贯视频。

④ 动态笔刷：用涂抹工具选中画面中的云朵或水流，拖拽运动方向箭头，即刻赋予自然元素动态效果。

更令人惊叹的是影视级画质，1080P 的分辨率搭配 30 帧每秒的流畅度，让手机拍摄的素材也能拥有电影质感。

（3）创意特效：普通人也能玩的“视觉魔术”

可灵 AI 最新推出的五大特效彻底释放了其娱乐基因。

① 花花世界：上传照片，AI 会给建筑物覆上鲜花装饰，出现“万物生花”效果。

② 魔力转圈圈：AI 会让照片主体不断旋转，魔力圈圈转不停。

③ 快来惹毛我：把实物变成炸毛的毛绒玩具，萌趣十足。

④ 捏捏乐：将主角变成橡皮泥小人，身体扭曲的效果极其逼真。

⑤ 万物膨胀：人物会像气球一般鼓起来，产生滑稽的弹性效果。

这些特效操作简单到只需要“上传 + 点击”，却能产出堪比专业特效团队的作品，特别适合制作病毒式传播的趣味内容。

（4）创作生态：从工具到社群的完整闭环

可灵 AI 不仅提供了工具，更打造了一套创作者成长体系。

① 创意圈：类似于“AI 版朋友圈”，用户可以在这里分享用可灵 AI 生成的作品，比如用“赛博朋克”模板制作的国风舞蹈视频，收获点赞后还能兑换创作素材。

② 活动区：定期举办主题赛事，例如最近的“AI 奇幻春节”活动，用户生成龙年主题作品即可参与万元奖金瓜分活动。

③ 灵感学院：提供从入门到精通的视频课程，手把手教用户如何运用“动态笔刷 + 反向提示词”制作电影级运镜效果。

（5）技术背后的革新力量

支撑这些功能的是快手公司研发的 3D 时空联合注意力模型。该技术能精准理解“穿汉服转圈”这类复杂指令，不仅让衣袖飘动符合物理规律，还会自动补充花瓣飘落等氛围细节。而“强化学习”机制让 AI 越用越聪明：当大量用户生成“海边奔跑”视频时，系统会自主学习浪花形态和光影变化，持续优化生成效果。

2. “DeepSeek ＋可灵 AI”操作示范

第一步，DeepSeek 生成绘画指令。

向 DeepSeek 输入：“我想要一张年轻女性使用化妆品的图片，请

（女性化妆品系列展示图片生成过程示意）

帮我生成绘图指令。”DeepSeek 输出绘画指令：“年轻时尚的女模特手上拿着面霜产品展示其细节，简洁背景，自然光、现代极简、韩范、高清特写—— ar 1∶1”。将此指令输入可灵 AI 的绘画指令框。

第二步，上传产品参考图片。

将自己需要展示的产品上传到可灵 AI，使其成为使用场景中的示范产品。

第三步，图片参数设置。

进行图片参数设置，选择比例为 1∶1，生成数量选择“2”。

第四步，点击生成。

点击“立即生成”。

第五步，生成多图。

可灵 AI 根据指令和参数设置，最终生成多图（每张图片消耗 1 灵感值，如果需要参考上传图片，则消耗 2 灵感值）。挑选满意的图片并将鼠标放置于图片上方，便可显示点赞、分享、下载等功能，选择下载。

第六步，设计加工。

可根据需要对生成的产品照片进行进一步设计加工或生成视频。

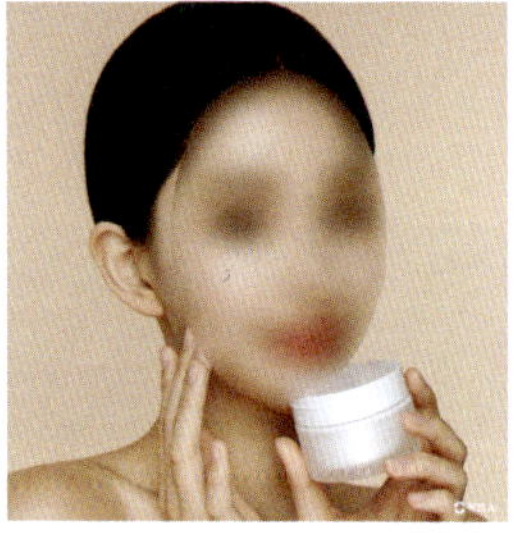

（用 DeepSeek ＋可灵 AI 生成的女性化妆品产品宣传图片）

三、在城市霓虹中飞驰的机车女：“DeepSeek ＋即梦 AI”实战案例

如今，当 DeepSeek-R1 模型通过多阶段循环训练机制赋予了 AI 深度推理与细腻的审美理解能力，自然语言指令可一键生成电影级分镜脚本时，艺术创作已从专业领域的高墙内走向每个普通人的指尖。这种技术优势在与即梦 AI 的协同中得以放大。即梦 AI 的“智能画布”功能支持多图层 AI 协同，用户通过文字描述“赛博朋克城市”与“机械翼少女”，系统即可生成空间关系精准的合成图像；其“动作模仿”技术甚至能让历史人物复刻现代舞蹈动作，实现文化符号的跨时空对

话。这种突破不仅降低了创作门槛，更催生出“人机共创”的新美学范式——在 DeepSeek 精准的语义解析与即梦 AI 的视觉化能力加持下，用户既是导演又是观众，既是创作者又是鉴赏者。

1. 即梦 AI 五大核心功能：用 AI 重塑创作边界

在AI技术飞速发展的今天，字节跳动公司推出的即梦AI正以“一键生成”的魔法，将文字、图片与视频的创作门槛降至新低。作为字节跳动旗下的一站式智能创作平台，即梦 AI 不仅整合了 AI 绘画、视频生成、数字人等前沿功能，更通过自然语言交互与社区灵感激发，让每个人都能轻松实现艺术表达。下面让我们揭秘它的五大核心功能。

（即梦 AI 是字节跳动公司旗下的一站式智能创作平台，支持高质量 AI 图像和视频生成，激发无限想象力，让灵感即刻成片。其主要功能模块包括 AI 作图、AI 视频、数字人、智能画布和故事创作）

（1）AI作图：从文字到画面的奇幻转化

即梦AI的图片生成功能堪称“灵感翻译器”。用户只需要输入简单的描述词，如“星空下的独角兽”，系统即可生成高清图像，支持调整画幅比例，并内置“超清修复”“局部重绘”等工具。更独特的是“图生图”模式：上传一张手稿，AI能自动补全细节，将潦草的线稿转化为精致的画面。对于创作者而言，“灵感广场”还提供海量优质作品与提示词参考，如同随身携带的创意宝库。

（2）AI视频：让静态画面动起来

即梦AI的视频创作功能覆盖以下三大场景。

① 文生视频：输入“樱花飘落，古风少女”，AI会自动生成连贯的动画，用户可调节运镜（推近、旋转等）与运动速度，打造电影级镜头语言。

② 图生视频：上传图片后，AI可让画面中的元素按指令运动。例如让汽车“驶向远方”，或通过“尾帧设置”实现变身特效——只须上传首尾两张图，系统自动生成过渡动画。

③ 动作模仿（2025年3月上线）：上传人物照片与参考视频（如舞蹈片段），AI能让静态人物“复刻”动作甚至情绪，支持肖像、半身、全身多种画幅，30秒内完成动态转化。

（3）数字人：从“纸片人”到活灵活现的演员

即梦AI的“数字人”功能近期迎来以下两大升级。

① 动作模仿：通过参考视频驱动图片人物，实现动作与表情同

步，适合制作虚拟偶像表演或个性化短视频。

② 大师模式（2025 年 3 月上线）：基于 OmniHuman-1 模型，用户上传图片与音频后，数字人可自动匹配口型、手势甚至乐器的演奏动作。该模式兼容动漫、3D 卡通形象，输出的视频标注“AI 生成”水印以确保合规。

这些功能让企业宣传、知识科普等内容创作更生动，甚至能“复活”历史人物进行跨时空对话。

（4）智能画布：多图层 AI 协同创作

即梦 AI 将传统 PS 功能与 AI 结合，推出“智能画布”。用户可叠加多个图层，分别用文字描述不同元素（如“背景：赛博朋克城市”“前景：机械翼少女”），AI 自动生成合成图像。进阶玩家还能手动绘制草图，用即梦 AI 智能填充细节，实现“人机共创”。

（5）故事创作：从灵感到成片的流水线

即梦 AI 正在测试“故事创作”功能，用户输入故事梗概后，系统可自动完成分镜描述、配图生成、视频剪辑全流程。例如输入“武侠少年闯荡江湖”，AI 会生成 10 章分镜脚本，配以水墨风格画面与动态转场，5 分钟内输出完整微电影。

即梦 AI 的强项在于语义理解精准与动作幅度自然，但其视频清晰度与高速运动稳定性仍有提升空间。随着 OmniHuman-1 等模型的迭代，未来有待实现时长更长、精度更高的内容生成。

作为抖音生态的重要一环，即梦 AI 正在重塑内容生产模式——它不只是工具，更是一个激发灵感的社区。无论你是想制作爆款短视频的博主，还是渴望表达创意的普通人，这里都有一键实现的魔法。正如其名“即刻造梦”，即梦 AI 正让每个平凡人的想象力拥有被世界看见的力量。

2.“DeepSeek +即梦 AI”操作示范

第一步，DeepSeek 生成绘画指令。

向 DeepSeek 输入：“我想要一张年轻女性在夜色中骑摩托车的图片，请帮我生成绘图指令。”DeepSeek 输出绘画指令：“赛博朋克，全景，逆光，戴头盔的女骑手，机车，皮衣反射光泽。”将此指令输入即梦 AI 的绘画指令框。

第二步，设置参数。

在即梦 AI 中设置相关参数（比如，将图片比例设定为 9∶16）。

第三步，点击生成。

点击“立即生成”。

第四步，生成多图。

即梦 AI 根据指令、参数设置及参考图片，生成 4 张图片（每张图片消耗 1 积分，如果需要导入参考图片，则消耗 2 积分）。从中选择满意的图片，点击“下载”并保存。若不满意，可微调指令，多次生成，直到生成足够多的符合条件的图片。

第五步，设计加工。

可根据需要，对生成的图片进行进一步设计加工或生成视频。

（在城市夜色中的时尚机车女性。由 DeepSeek ＋即梦 AI 生成）

第四章

DeepSeek 如何生成视频

在人工智能技术迅猛迭代的背景下，DeepSeek 结合剪映、可灵 AI、即梦 AI 等热门应用的视频生成技术，正在让普通人轻松实现从“文字到视频”的创作自由。这种技术组合不仅简化了传统视频制作的复杂流程，更赋予普通人以“零门槛”实现创意落地的能力，推动内容生产从专业垄断走向全民共创的新阶段。

这些工具形成了一个“AI 创作流水线”：DeepSeek 扮演“编剧”角色，根据用户需求生成精细的脚本或文案；即梦 AI 和可灵 AI 是“视觉导演”，负责将文字或图片转化为动态画面；而剪映就像“后期团队”，通过智能剪辑、自动匹配字幕与音效，完成从素材到成片的最后一环。这种协作将原本需要专业团队完成的工作压缩到几分钟。

当视频制作不再受限于设备、技能与时间时，内容生态必将迎来更具多样性、专业性与创新性的爆发式增长，而 DeepSeek 与伙伴应用的组合，正是这场变革的关键推手。DeepSeek 的迭代方向已从基础脚本生成转向多模态内容适配，未来或可结合实时数据分析，为不同平台用户生成定制化视频策略；而剪映与可灵 AI 的深度融合，则可能实现“文字—画面—视频”的端到端自动化生产。这种技术演进不仅能加速内容产业的工业化进程，更让每个个体都能在 AI 的赋能下，成为数字时代的"故事讲述者"。

下面，我们将从文本生成 AI 视频、图片生成 AI 视频、文字生成短视频三个方面，结合实例，演示短视频快速生成的流程。

一、文本生成 AI 视频：文转影的智能创作变革

文本生成视频功能允许用户通过输入简单的文字描述，快速生成一段完整的视频。用户还可以进一步调整视频风格、视频时长和画幅比例，满足个性化需求。这一功能特别适合需要快速制作短视频的用户，如社交媒体内容创作者或广告营销团队。

1. 鲜活场景：浅棕色狍子低头舔食鲜嫩蘑菇

如前所述，即梦 AI 是字节跳动公司开发的一款以人工智能为核心竞争力的视频创作软件，通过整合生成式人工智能技术与模块化编辑工具，为用户提供从创意到成片的智能化解决方案。该应用由国内顶尖AI实验室研发，自上线以来已服务超过200万创作者[①]，成为新媒体内容生产领域的热门工具。

即梦 AI 的"文本生成视频"功能，支持输入文案自动生成视频，支持科幻、国风等题材模板，可精确控制角色动作（如"穿汉服的少女在竹林中舞剑"）。我们知道，"Prompt"作为文生视频大模型最主

① 数据来自第三方监测平台 QuestMobile。——编者注

要的交互语言，将直接决定模型返回的视频内容。目前，即梦 AI 已经接入了 DeepSeek-R1 版本的应用，用户可以输入简单的指令，借助 DeepSeek 生成更适合即梦的有效提示词，提高了生成视频的准确率与质量。

下面我们通过具体案例来演示操作过程。

第一步，打开即梦 AI 首页，点击“AI 视频—视频生成”模块。如下图所示。

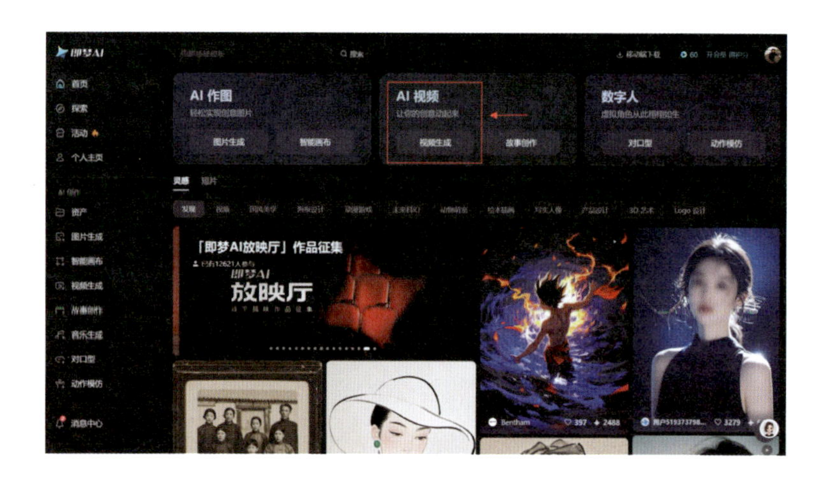

第二步，在打开的界面中，先选择“视频生成”模块，输入指令“一只狍子在森林里吃蘑菇”，然后点击“DeepSeek-R1”按钮。如下图所示。

我们会发现，DeepSeek-R1 已经根据简单的指示词，生成了三段备选的细致提示词。接下来是第三步，我们可以选择其中一段细致提示词：“晨光穿过林间薄雾，一只浅棕毛色的年幼狍子低头舔食鲜嫩蘑菇，前蹄轻踏苔藓覆盖的树根，毛茸茸的耳朵随着动作微微颤动”，然后点击“立即生成”按钮。如下图所示。

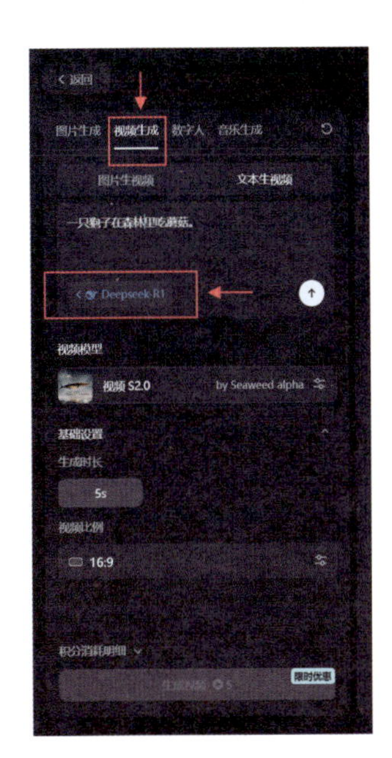

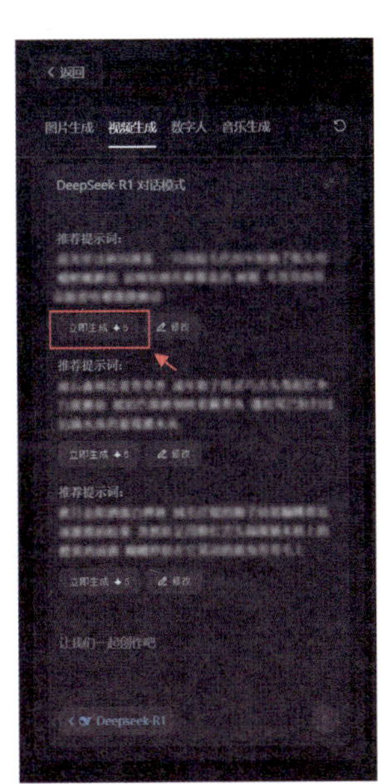

第四步，即梦 AI 根据这段提示词，为我们生成了三个版本的视频，我们可以选择其中效果最好的版本。如下图所示。

第五步，点击“下载”后，就可以把自己选择的视频版本下载至本地。效果如下图所示（可以扫码查看视频最终效果）。

2. 古今碰撞：古装少年腰佩宝剑行走在未来都市

可灵 AI 是快手公司的 AI 团队自主研发的 AI 视频生成工具，凭借对短视频生态的深度理解和技术创新，迅速成为国内 AIGC（Artificial Intelligence Generated Content，人工智能生成内容）领域的标杆产品。作为快手公司“全场景 AI 创作”战略的核心载体，可灵 AI 深度融合生成式 AI 与快手庞大的内容数据库，已赋能电商、教育、娱乐等多元场景。

创作者输入一段文字，可灵 AI 大模型会根据文本表达生成 5 秒或 10 秒的视频。可灵 AI 现已支持“标准”与“高品质”两个生成模式，标准模式的生成速度更快，高品质模式的生成画面质量更佳。可灵 AI 同时支持 16∶9、9∶16 与 1∶1 三种画幅比例，可满足创作者视频创作的多元需求。

撰写可灵 AI 的提示词时，可以参考以下公式：

提示词 = 主体（主体描述）+ 运动 + 场景（场景描述）+（镜头语言 + 光影 + 氛围）

该公式最核心的构成就是主体、运动和场景，这也是描述一个视频画面最简单、最基本的单元。目前，可灵 AI 也已经接入了 DeepSeek，帮助创作者扩写和丰富提示词，以生成更符合预期的视频。

下面我们通过具体案例来演示操作过程。

第一步，打开可灵 AI 首页，点击“AI 视频”模块。如下图所示。

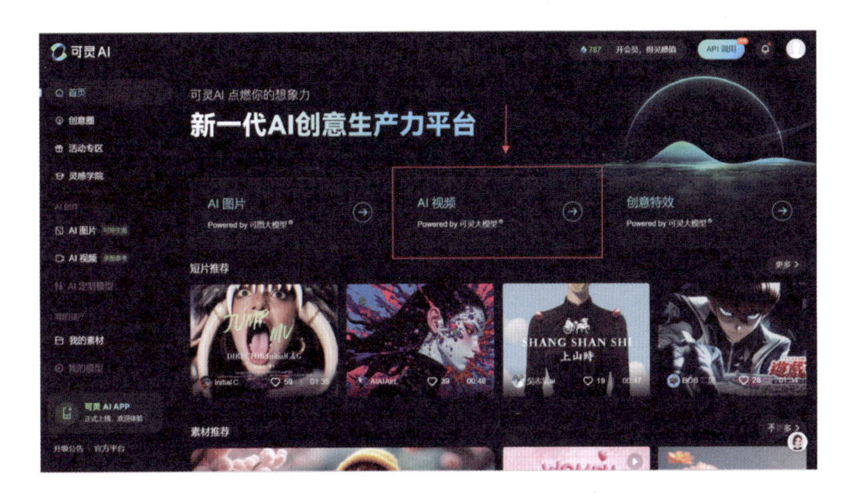

第二步，在打开的界面中，先选择“文生视频”模块，然后点击“DeepSeek”按钮。如下图所示。

第三步，在打开的“DeepSeek-R1”文本框内输入描述指令：“一个身着中国古代红色服饰的英俊少年，腰佩宝剑，行走在一个赛博朋

克风格的城市街道上。”我们会发现，DeepSeek 根据这段描述生成了一段包含镜头、景别、光线等效果的细致提示词：“一个身着中国古代红色服饰的英俊少年腰佩宝剑，在霓虹闪烁的赛博朋克街道上缓步前行，全息广告与机械装置环绕四周，镜头跟随主体移动展现未来都市的远景，霓虹光与金属质感交织，丰富细节呈现传统与现代的视觉碰撞。”点击“立即生成”按钮。如下图所示。

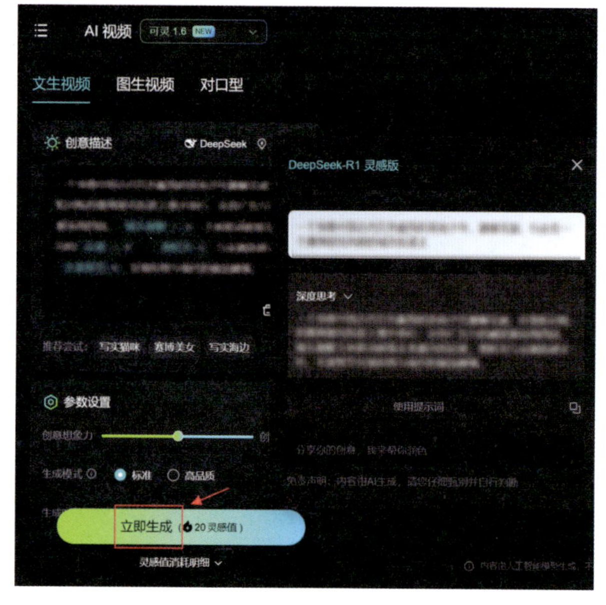

第四步，可灵AI根据这段提示词为我们生成了AI视频，点击“下载”后，就可以把自己选择的视频版本下载至本地。效果如下图所示（可以扫码查看视频最终效果）。

【“文生视频”实战小技巧】

使用目前版本的该功能时，创作者在进行语言表达时要优先使用简单词汇和短句，避免嵌套句式或抽象概念；画面元素尽量简化，在5～10秒内呈现完毕；在关键词中加入“水墨质感、中式美学”等描述，更容易触发国风视觉元素；避免明确量化描述（如“一群小狗”优于“10只小狗”）；当前暂不支持精细动态模拟（如球体连续弹跳、物体坠落轨迹）。

二、图片生成 AI 视频：静变动的多维表达突破

利用 AI 的“图片生成视频”功能，创作者只需要上传图片，就可以将静态图片转化为动态视频。例如：让原本静止的瀑布呈现流动效果；为人像照片中的角色赋予自然的表情变化（如眨眼或微笑），或在指定区域叠加特效动画（如火焰动态燃烧、花瓣纷飞等）。该功能还支持个性化设置，用户还可以自定义视频时长、运动速度和镜头角度，进一步提升视频的表现力，从而打造更具感染力的视频作品。

图生视频是当前创作者使用频率最高的功能，其优势体现在创作流程与创意表达两方面：从制作层面看，基于图片生成视频的模式具备更高的可控性，创作者可先通过 AI 绘图工具生成理想画面，再将其转化为动态视频；在创意维度上，该技术为用户搭建了创新表达平台，通过文本指令即可操控画面主体运动，例如近期风靡网络的“老照片复活”“与小时候的自己拥抱”等作品，以及因创意天马行空而被戏称为“致幻效果”的奇幻场景（如蘑菇幻化为企鹅），都充分展现了突破想象边界的创作潜力。

下面，我们从首尾帧图片转化为动态视频、多张图片转化为动态视频、图片生成特效等三个方面来介绍相关操作。

1. 首尾帧图转动态：黄色马头雪糕幻化为门前石狮

对图生视频而言，控制图像中的主体运动是核心。以下创作公式可以作为参考：

画面描述＝核心主体＋动态轨迹＋场景背景＋动态效果

其中核心主体涵盖人物、动物或物体等视觉焦点元素，动态轨迹指主体需呈现的运动路径，场景背景则指画面中的环境元素及其动态变化。如果涉及多个主体的多个运动，依次列举即可，可灵 AI 将结合输入内容与图像语义理解，最终生成符合创作意图的视频。

目前，创作者可通过两种方式创作：单独上传图片时，可灵 AI 将基于图像理解自动生成 5 秒或 10 秒的动态画面；若同时提供图片与文本描述，系统则会依据文本指令将静态图片转化为定制化视频。目前支持“标准模式”与“高品质模式”两种生成规格，并提供 16∶9 宽屏、9∶16 竖屏及 1∶1 方屏三种画面比例，适配多元化视频创作场景需求。

下面我们通过具体案例来演示操作过程。

第一步，在可灵 AI 的“AI 视频”模块中，选择“图生视频—首尾帧”功能。如图所示。

第二步，选择可以作为首帧图、尾帧图的两张图片，上传到图片框内，并撰写“图片创意描述”，同时在“灵感图库”中选择镜头的类别，然后点击“立即生成”。如下页图所示。

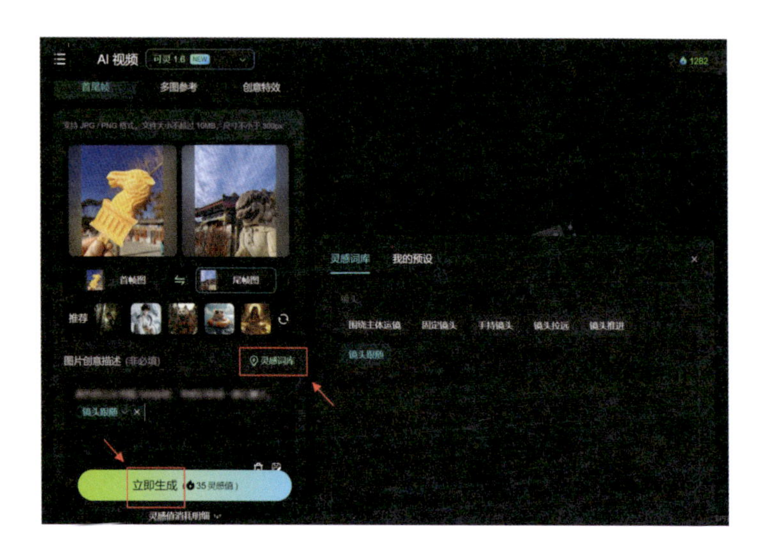

第三步，可灵 AI 会根据两张图以及相关设定，生成一段新的创意视频。点击“下载”按钮，就可以将视频保存到本地。如下图所示。

最终视频效果如下图所示（可以扫码查看视频最终效果）。

【"图生视频"实战小技巧】

在使用该功能时，应该尽量使用简单的词语和句子结构，避免使用过于复杂的语言；运动符合物理规律，尽量用图片中可能发生的运动描述，如果描述与图片差距较大，可能会引起镜头切换。现阶段较难生成复杂的物理运动，比如球类的弹跳、高空抛物等。

2. 多图转动态：可爱猫咪黑夜爬上神秘古建筑屋顶

相较于文生视频，可灵 AI 的"多图参考"功能可以生成更加具备可控性的AI创意视频，在视频中融入任何创作者希望固定的主体元素或背景画面。此外，相较于图生视频的“首尾帧”功能，“多图参考”能够更灵活地生成视频，让主体不再拘泥于首尾帧图片的画面。

该功能支持上传最多四张参考图片，内容可以是人物、动物、场景、服饰等各种主体或背景图片。此外，还需要编写一段文字来描述这些主体和背景之间的互动，或者描述更多细节，将图片素材融合在一起，生成一段创意视频。

下面我们通过具体案例来演示操作过程。

第一步，在可灵AI的“AI视频”模块中，选择“图生视频—多图参考”功能。如图所示。

第二步，选择1～4张图片，上传到图片框内，并撰写“图片创意描述”，比如我们在此处填写“一只猫穿过街道，出现在夜色中的古代建筑屋顶上，周围弥漫着神秘诡异的气息”。同时，在“灵感图库”中选择镜头、景别、光影的类别，然后点击“立即生成”。如下页图所示。

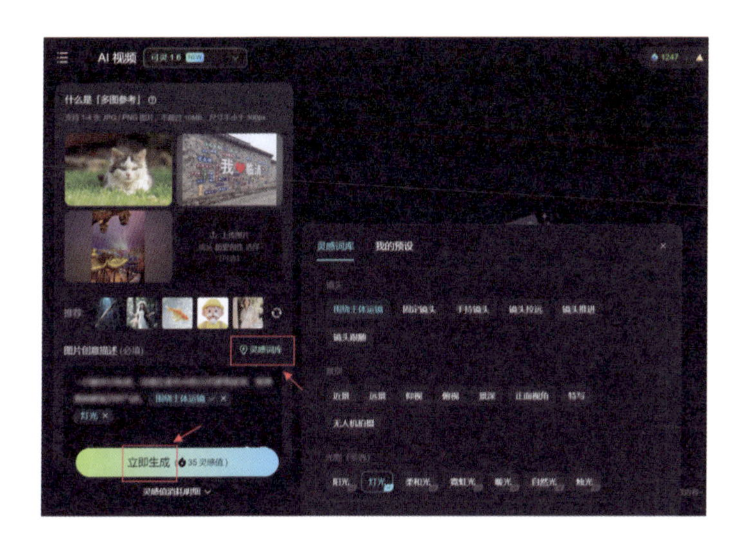

第三步，可灵 AI 会根据上传的图片以及相关设定，生成一段新的创意视频。点击“下载”按钮，就可以将视频保存到本地。如下图所示。

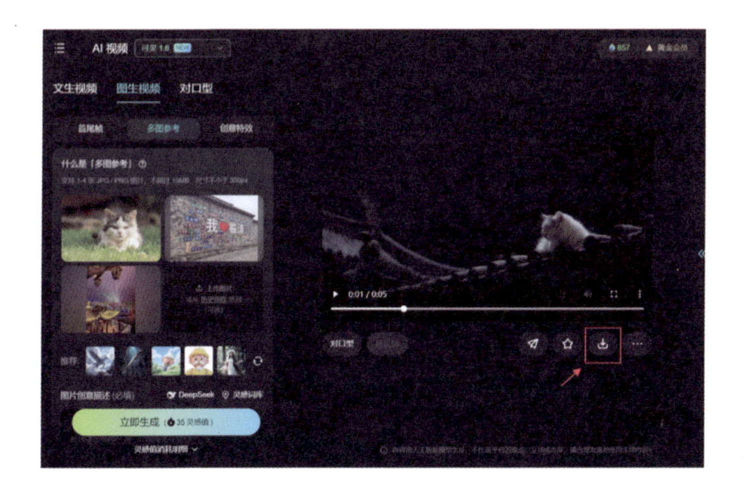

最终视频效果如下图所示（可以扫码查看视频最终效果）。

【"多图参考"实战小技巧】

如果上传的图片中包含过多元素，而创作者只希望可灵 AI 参考图中特定的主体，那么建议使用"框选主体"功能，精准框选出你希望可灵 AI 参考的部分；如果不希望可灵 AI 在生成的视频中出现某些内容，可以在下方"不希望呈现的内容"一栏中写明，可灵将避免此类内容出现在生成结果中。

3. 图片生成特效：鲜花"被惹毛"变身玩偶

可灵AI的"图生视频"功能还通过AI技术为用户提供丰富的"创意特效"玩法，极大降低了视频创作门槛，同时以趣味性和高自由度成为内容创作的亮点。目前，它主要提供了五大核心创意特效。

一是"花花世界"，AI 特效会让钢筋水泥建成的建筑物"长"出鲜花，万物生花，春意盎然；二是“魔力转圈圈”，上传图片后，照片里的主体会不停旋转，产生“魔性循环”的效果；三是“快来惹毛我”，用户上传图片后，AI 会将主体（如建筑、人物、动物）转化为毛绒玩具风格的动态视频，例如将草原上的大象变为蹦跳的毛绒玩具；四是“捏捏乐”，主体（如滑雪者、宠物等）会被转化为可被“捏压”的软胶玩具形态，例如滑雪少年会变为可捏压的玩具，动作流畅且充满幽默感；五是“万物膨胀”，通过夸张的体积变化制造喜剧效果，如柯基犬瞬间“胖成球”并漂浮飞走，赋予日常物品超现实的趣味。

下面，我们通过“快来惹毛我”这一具体案例来演示操作过程。

第一步，在可灵 AI 的左侧边栏，选择“创意特效”功能。

第二步，选择“快来惹毛我”类别，再选择一张图片，上传到图片框内，然后点击“立即生成”。如下图所示。

第三步，可灵 AI 会根据这张图以及相关设定，生成一段新的创意视频，即一束鲜花突然摇身一变，在烟雾缭绕中变成了一个可爱玩偶。点击“下载”按钮，就可以将视频保存到本地。如下图所示。

最终视频效果如下图所示（可以扫码查看视频最终效果）。

扫描上方二维码即可
领取本书超值赠品

短视频创作资源包，扫码即用

1 【8个**成品视频**还原教学成果】眼见为实！

- 案例拆解，见证AI作品从0到1诞生。
- 指令对应成片效果——掌握AI辅助从“关键词”到“爆款”的底层逻辑。

2 【3节保姆级**配套视频课**】逐步拆解！

- 文案生成、图片生成、视频生成操作步骤视频化。
- 新手“抄作业”指南，迅速上手，超越爆款。

3 【近300条王炸级**提示词模板**】直接套用！

- 囊括文案生成、图片生成、视频生成近300条可直接套用的DeepSeek提示词模板。
- 新手秒变“提示词专家”，快速晋升王者。

由此可见，使用“创意特效”的用户只需要上传图片并选择特效模板，无须进行复杂参数调整或具备专业剪辑技能，具有“一键生成”的高自由度。商家可以用特效动态展示产品（如服饰、玩具），普通用户则能快速制作个性化节日祝福或趣味生活记录，其特效“反差萌”的特性易于引发爆款式传播，在娱乐、商业、社交等多领域具有广泛的应用前景。

三、文字生成短视频：字跃屏的零门槛生产力

剪映的“图文成片”功能是一项基于 AI 技术的智能化视频生成工具，旨在将文字内容快速转换为包含画面、字幕、旁白及背景音乐的完整视频，极大降低了视频创作门槛，尤其适合文字创作者或视频剪辑新手使用。

创作者可以通过两种方式将文字生成视频：一是自定义输入，直接输入标题和正文，系统根据关键词智能匹配图片、视频素材及背景音乐；二是创作者选择剪映智能输出文案，系统自动生成备选文案，并根据创作者的选择及调整匹配素材，文字内容会被转换为 AI 语音旁白（支持多音色选择），并同步生成字幕。

接下来，我们通过一个情感类短视频来具体演示操作过程。

内置文案成片：剪映智能撰文，生成情感告白短视频

如果创作者不用 DeepSeek 生成文案，也可以选择剪映内置的智能

写文案功能，目前平台提供了情感关系、励志鸡汤、美食教程、营销广告、旅行感悟等近 10 种模板，我们可以根据自己的需要选择。

下面，我们以“情感关系”模板为例演示操作过程。

第一步，在打开的界面中，选择“情感关系”模板，选择“1 分钟左右”，并根据个人需求略作调整后，在界面右下角选语音旁白风格，然后点击“生成视频”。如下图所示。

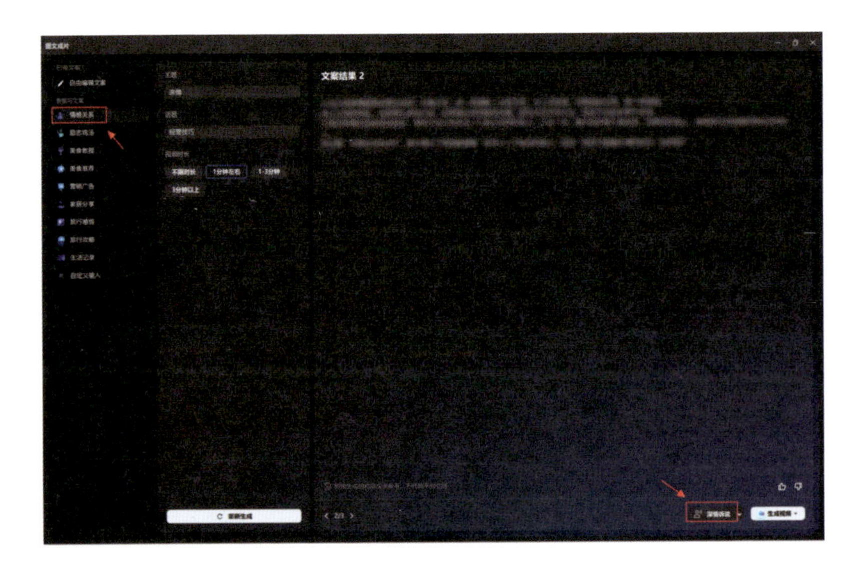

第二步，剪映将自动打开编辑页面，为该文案自动匹配素材，并自动生成配音、字幕、音乐等。创作者可以对生成后的视频进行精细化调整，如果不需要修改，可以直接点击“导出”，即可完成一个“情感关系”短视频的制作。如下图所示。

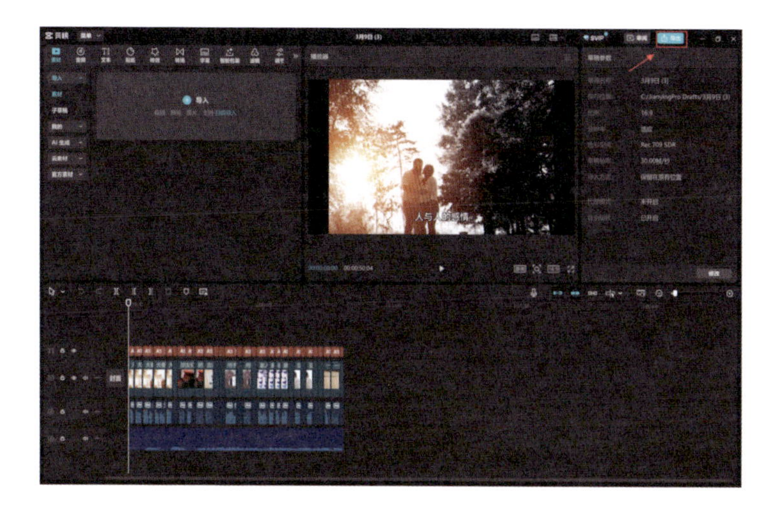

最终视频效果截图如下图所示。

由该过程可见，剪映的“图文成片”功能从输入文字到生成视频仅需几分钟，用户无须掌握复杂的剪辑技术，仅提供文案即可获得完整视频。这种功能尤其适合需要快速产出内容的场景，如新闻快讯、科普视频、自媒体创作等。同时，它支持后期手动调整，用户可替换素材、修改旁白或添加特效，结合 AI 生成与人工编辑，兼顾了效率与个性化需求，结合自动化与可编辑性，成为提升内容创作效率的实用工具。

第二篇章

用 DeepSeek 制作短视频的实战案例详解

当你在短视频平台刷到机器人在讲解量子物理、发现非物质文化遗产变身潮流符号时，或许你还没意识到：这些令人眼前一亮的爆款内容背后，正涌动着一场 AI 与创意的“双向奔赴”。当 DeepSeek 等 AI 工具突破技术演示阶段，真正融入短视频生产的毛细血管，内容创作已从“一个人一支笔”的孤军奋战，进化成“人机协作”的创意交响。

本篇内容要呈现的，正是这场变革中最具代表性的几个切片。想象一下，科普工作者无须再为晦涩的机器人原理发愁，只要输入专业论文就能生成动画脚本；语文老师把“夸父逐日”变成动态水墨画卷，让学生在 AI 构建的洪荒宇宙里触摸神话的温度；茶文化品牌将“围炉煮茶”做成新中式美学大片，每一帧画面都藏着精准的用户洞察……这些看似神奇的场景，实则是 AI 工具链与垂直领域深度结合的必然产物。

特别值得注意的是，AI 创作并非“一键出奇迹”的魔法，而是有迹可循的“化学反应”。在科普视频案例中，DeepSeek 的文献解析能力与可视化工具的联动，让深奥的机器人技术变成可触摸的 3D 拆解动画；在教育领域，“夸父逐日”项目揭示了如何用 AI 平衡文化传承与青少年的审美——既保留神话内核，又加入赛博朋克风格的分镜设计。

这些案例背后藏着共同的创作密码：AI 工具正在消解专业壁垒，让跨界创作成为新常态。生物学家可以制作电影级科普短片，历史老师能打造沉浸式教学 IP，非遗传承人也可以玩转潮流视觉。当我们拆解每个案例的“配方”时，会发现技术逻辑与人文思考始终是交织在一起的——AI 负责解决“怎么做”的效率问题，人类专注于定义“为什么”的价值内核。

第五章

机器人来啦：如何制作 AI 科普类视频

你是否想过，那些专业感十足的数字人视频背后可能藏着一位“零基础”创作者？AI 正在降低传统视频制作的门槛。就像魔法师挥动魔杖，我们只需要动动手指，就能让 AI 机器人帮忙撰写吸睛文案、生成逼真的数字人，甚至自动剪辑出堪比专业团队的视频作品。

本章将为你揭秘用 DeepSeek 和剪映这对“黄金搭档”制作科普类口播视频的全流程。从智能生成 800 字的脱口秀文案，到让数字主播用相声腔调讲解未来科技；从一键生成电影级画面素材，到如搭积木般完成多轨道剪辑——整个过程就像组装积木，无需摄影棚、不用写分镜脚本，甚至不需要露脸出声。无论是自媒体博主、科普工作者，还是想给孩子做科技启蒙的家长，都能在 30 分钟内完成从“空白文档”到“超 10 万播放量级”视频的华丽蜕变。

让我们跟随 AI 导演的步伐，看看机器人是如何承包你的视频创作全流程的。这不仅是工具使用教程，更是一场见证未来内容生产革命的沉浸式体验。准备好迎接你的 AI 创作搭档了吗？

一、用 DeepSeek 撰写机器人应用场景的科普文章

在“DeepSeek-R1 + 联网搜索”模式下，输入指令：“你是一位科普作家，请撰写一段关于 AI 机器人在未来几年具体应用场景的视频口播稿，时长为 3 分钟，800 字以内，要通俗易懂、生动有趣，同时朗朗上口，不需要场景描写或话外音。”

生成如下口播文案。

《嘿，AI 机器人要承包你的生活啦》

（欢快音乐起）

朋友们！今天咱们来聊聊未来几年，那些“活过来”的 AI 机器人会怎样闯进咱们的生活！嘿嘿，别眨眼，它们可比变形金刚还神奇！

先说医院里的“钢铁侠医生”——手术机器人马上要升级到 4.0 版本啦！未来它们能捧着比头发丝还细的激光刀，在葡萄皮上雕花呢！更厉害的是，它们自带疾病百科全书，看一眼 CT 片就能看出连医生都可能漏掉的早期癌细胞，这火眼金睛，孙大圣都直呼内行！

学校里要出“全能家教”啦！这些机器人老师能同时记住 200 个学生的知识漏洞。小明背不出古诗？它马上化身李白玩说唱！小花数学总粗心？它立刻变出 3D 立体数学游戏！最绝的是它能闻出孩子的焦虑情绪，比亲妈还懂你家娃的小心思！

家里的“智能管家”要进化成智能版“田螺姑娘”！凌晨3点，它会悄悄把忘关的冰箱门合上，早上6点，开始制作香喷喷的煎饼。最绝的是，它自带“读心术”，发现你盯着购物车里的裙子犹豫不决，会立马亮出全网比价报告，还能模拟你穿上它的效果！

快递小哥要迎来机器同事啦！这些铁臂分拣员能单手拎起10个包裹，在仓库里玩漂移送货。更酷的是它们会“72变”——白天是送货无人机，晚上变巡逻保安，看见可疑人员秒变“唐僧”，开启安全教育模式。

农田里的“机械农民”要上线了！这些铁家伙扛着摄像头巡视菜地，叶子长了虫斑，它比老农还着急，喷起农药来比绣花姑娘还细致。摘果子更是绝活，草莓柿子轻拿轻放，装箱摆得比超市货架还整齐！

最惊喜的是，情感机器人要来了！它们能记住你奶奶60年前结婚时发卡的颜色，会在陪你爷爷下象棋时故意走错两步，甚至能在你失恋时扮成知心大姐，讲的笑话比脱口秀演员还新鲜！这些暖心操作，你一定会喜欢！

朋友们，这不是科幻电影！这些AI机器人正在实验室里摩拳擦掌呢！它们不是要取代人类，而是要当咱们的金牌搭档。想象一下，把重复劳动交给机器人，咱们就能腾出手来创造更酷的世界！下次见面，说不定就是我的机器人助手给大家端咖啡啦！

（音乐渐强）

未来已来，你准备好了吗？咱们和机器人伙伴的美好生活，马上开机！

二、用剪映生成“单口相声”风格数字人口播视频

1. 设置数字人形象

第一步，打开剪映，点击“开始创作”。如下图所示。

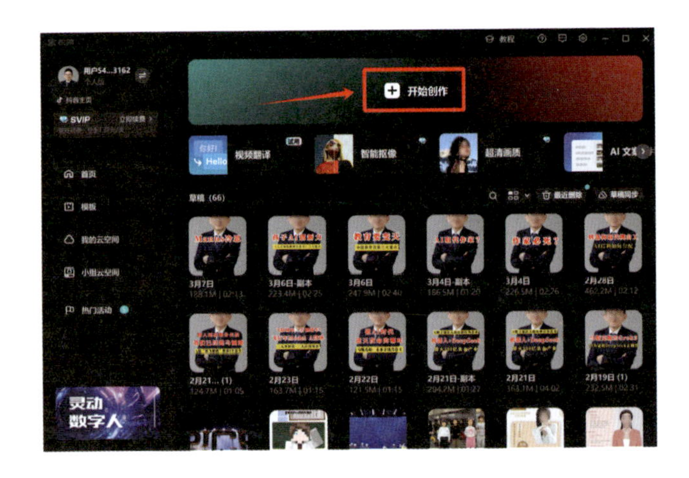

第二步，选择数字人主播。如下图，依次点击：（1）数字人；（2）知识；（3）李牧—数码分享。如下图所示。

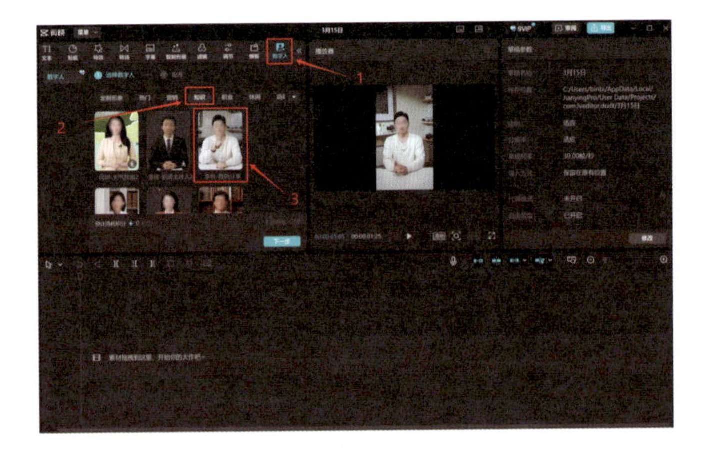

第三步，设置“景深”“远景”“中景”“近景”和“特写”等选项，选择“特写”，然后点击“下一步”。如下图所示。

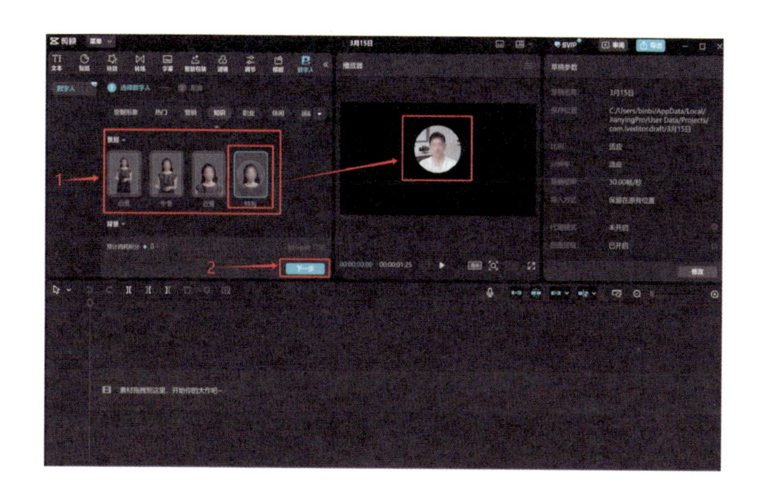

【其他选项：其他风格形象或真人形象】

（1）此处的数字人模板，除了“知识”这一类别，还有热门、营销、职业、休闲、运动、商务、亚洲、欧美、实景等选项，可根据具体的应用场景进行选择。如下图所示。

（2）还可以选择“定制形象—克隆视频形象”。如下图所示。

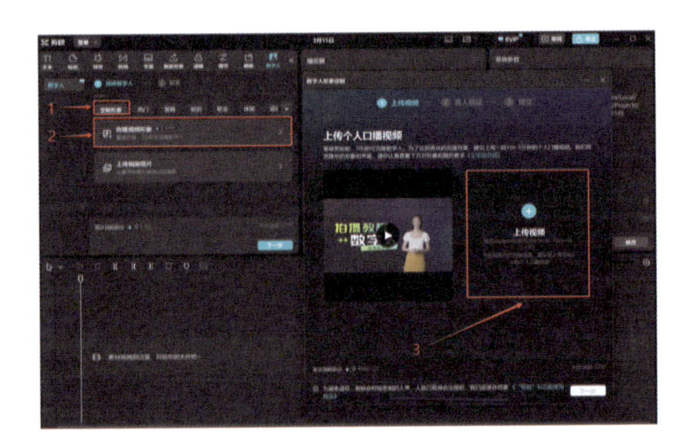

（3）还可以选择“定制形象—上传相册照片”。如下图所示。

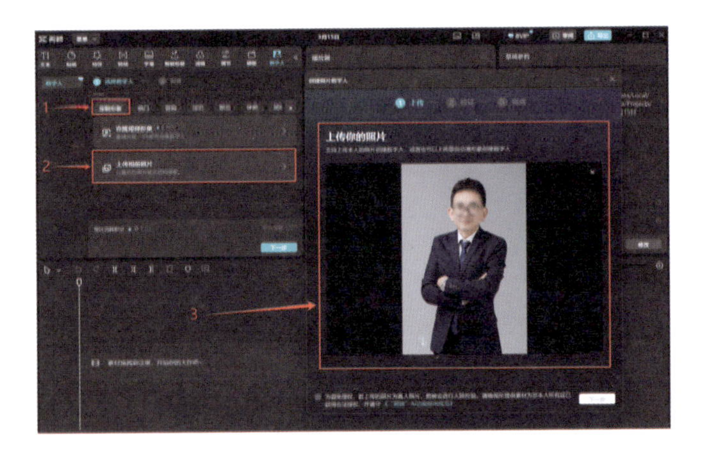

2. 生成数字人口播视频

第一步，设置口播稿：（1）点击“输入文案”；（2）将之前

DeepSeek 生成的口播文案复制进去。

第二步，设置音色：（3）选择“音色”（“音色”有男声、女声、童声、影视动漫、角色演绎等十多种类型，每种类型又有多个不同形象角色可供选择）；（4）选择“男声”中的“单口相声”；（5）选择“同时生成字幕”；（6）点击“生成”。如下图所示。

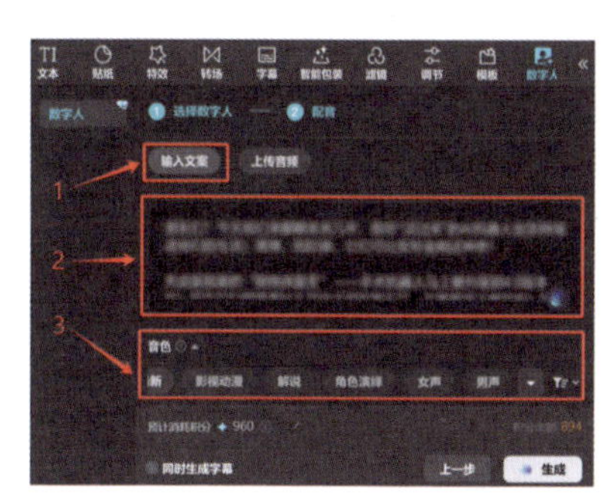

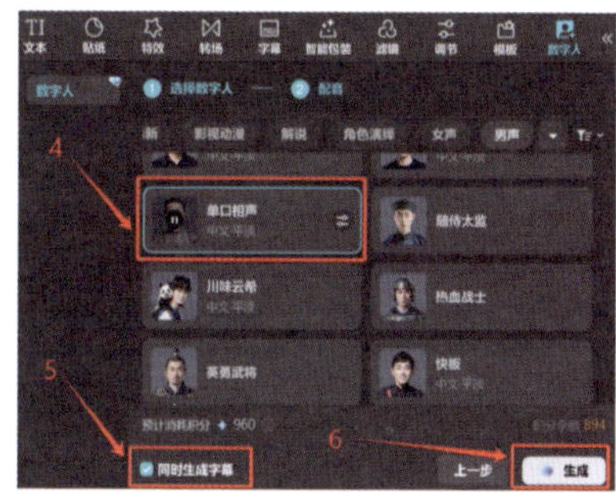

【其他选项：可以选择真人配音】

除了“输入文案”及机器配音，也可以选择自己录制解说词的配音，然后选择：（1）上传音频；（2）同时生成字幕；（3）生成。如下图所示。

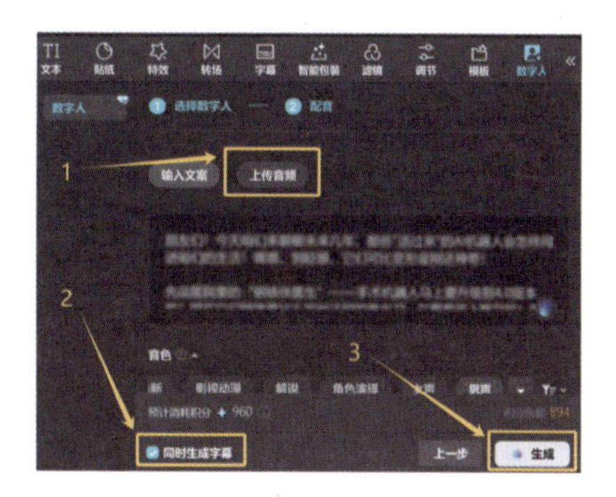

3. 编辑数字人口播视频

第一步，设置字幕的参数。比如字体（三极极宋超粗）、大小（6 号）、间距（2）、行距（8）等。如下图所示。

第二步，设置数字人头像位置。可以根据需要，调整数字人头像在整个视频中的位置（此视频中为右上角）。同样如下图所示。

第三步，设置音频。可以调整配音音量、音速快慢等。

第四步，保存。完成上述设置后选择“关闭”，自动保存到草稿文件中。

（注意：为了方便和后面的视频素材做区分，我将刚才生成的素材命名为“机器人素材 1”。）

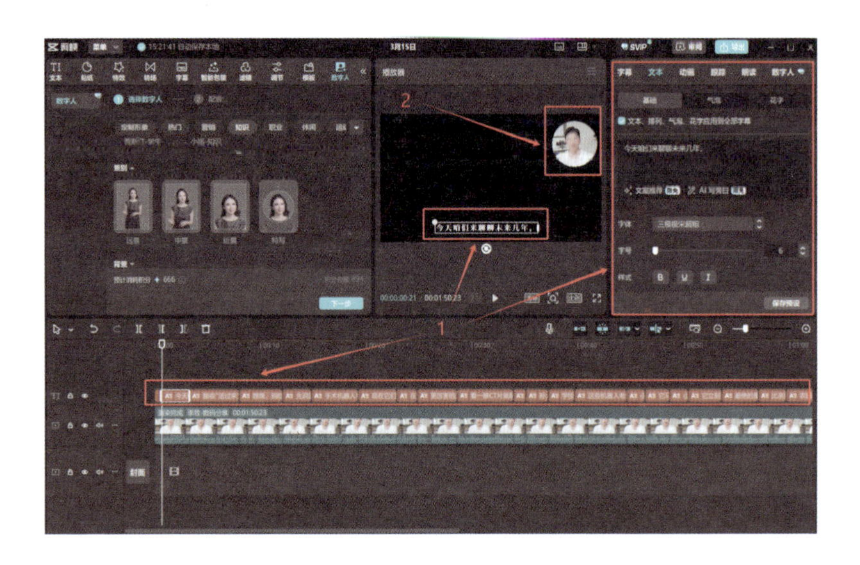

三、用剪映“AI 文案成片”生成机器人视频素材

1. 一键生成 AI 素材

第一步，再次打开剪映首页，选择“AI 文案成片”。如下图所示。

第二步，进入“AI 文案成片”页面后，依次操作：（1）选择“AI 素材成片”；（2）选择风格—写实电影（还有其他风格可供选择）；（3）选择比例—16∶9；（4）将之前 DeepSeek 生成的口播文案输入文案框；（5）选择音色—“单口相声”；（6）点击“生成”。如下图所示。

第三步，1 ~ 2 分钟后，AI 会根据文案生成视频素材，然后点击“去剪映编辑”（注意，视频导出后可以在剪映专业版继续剪辑，但需要升级到 6.8.0 版本以上）。确定导出后，剪映软件会自动打开，并自动把视频下载到草稿中。如下图所示。

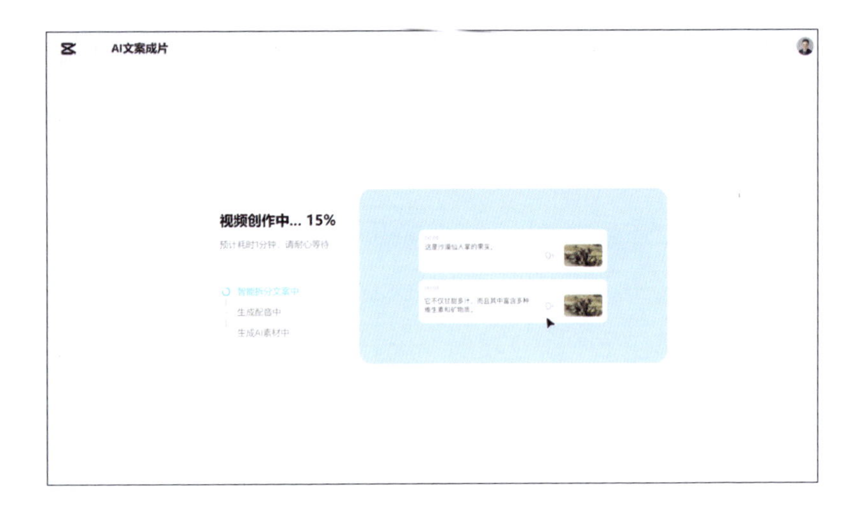

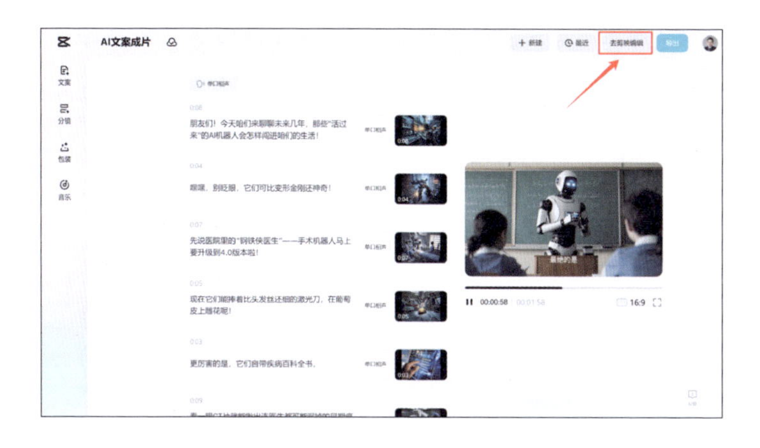

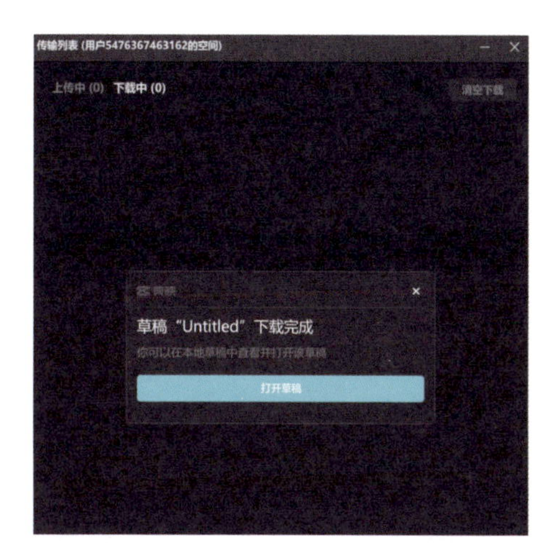

2. 编辑机器人视频素材

第一步，在剪映中打开用"AI 文案成片"生成的视频素材：（1）点击"我的云空间"；（2）在"草稿"中找到之前下载的视频。如下图所示。

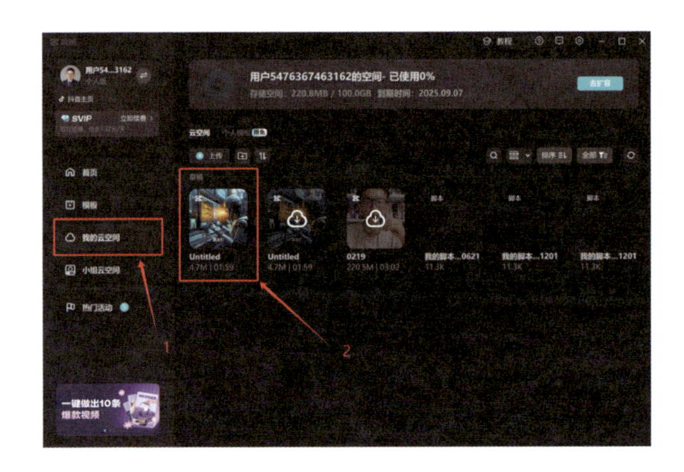

第二步，编辑机器人视频素材：（3）点击字幕前面的“眼睛”图标，选择“隐藏轨道”，字幕条变成灰色；（4）选择解说配音前面的声音小按钮，选择“关闭原声”，声音条变成灰色；（5）直接退出，软件会提示你，是否需要将修改上传到剪映云中，此时点击“备份并覆盖”。如下图所示。

（注意：为方便和之前的素材区别，我们称这条刚生成的素材为“机器人素材 2”。）

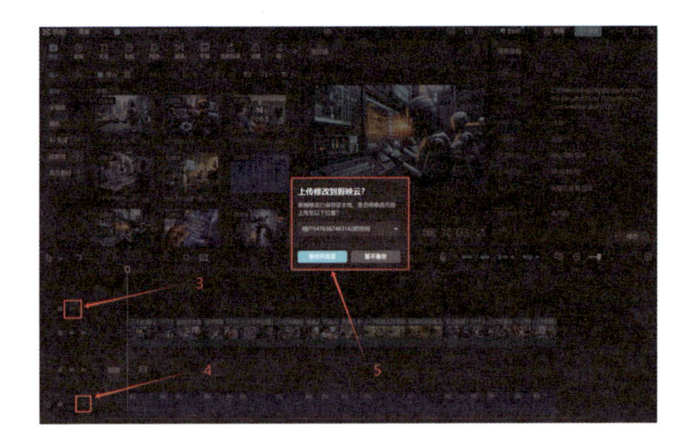

四、用剪映合成数字人口播视频和机器人视频素材

1. 叠加合成二段视频素材

第一步，打开剪映：（1）打开保存的“机器人素材 1”；（2）从“子草稿”中导入第 2 次生成的素材。如下图所示。

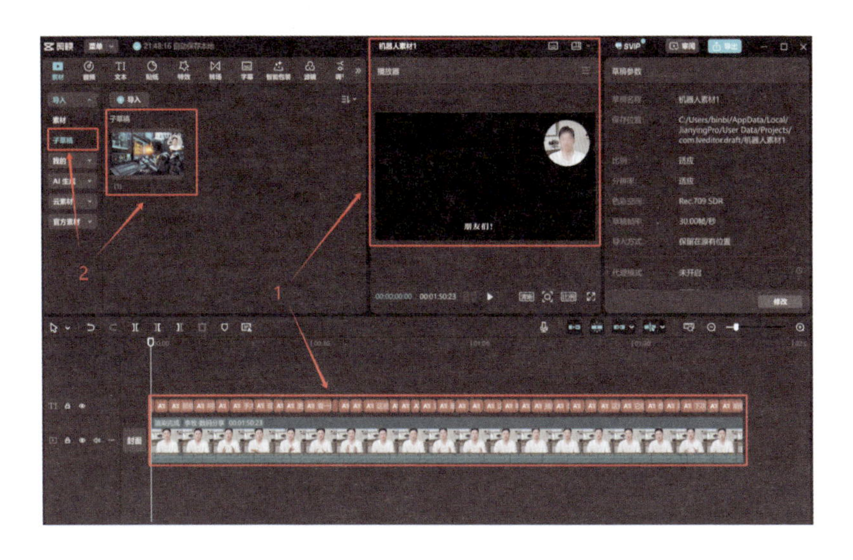

第二步，将导入的第 2 条素材拉入下方编辑框，放在“机器人素材 1”图层的最下方。两条素材叠加效果呈现在播放器中。如下图所示。

2. 对合成的视频进行编辑

第一步，为视频配乐：（1）点击“音效”；（2）搜索“机器人”主题音乐；（3）确定和视频长度、主题契合的音乐并拉入下方编辑区。

第二步，对音乐进行编辑：（4）调节配乐的长短、音量大小、淡入与淡出时长；（5）最后点击“导出”。如下图所示。

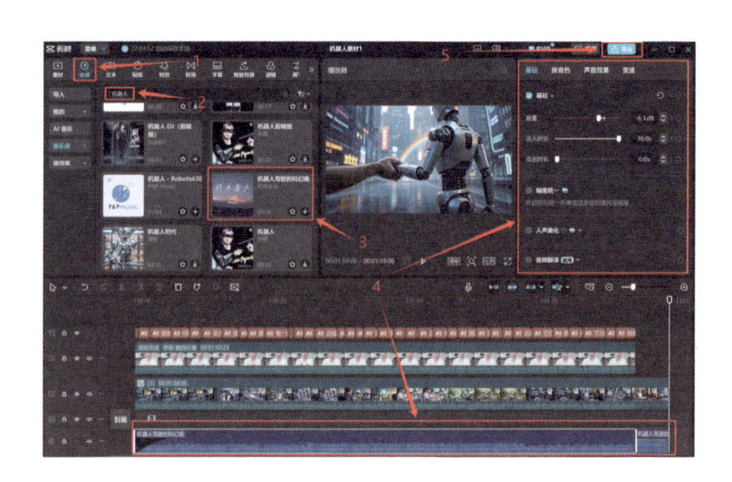

3. 对最终完成的视频进行完整展示

至此，介绍机器人未来应用场景的科普类数字人口播视频全部完成，可以点击下载文件完整地展示，若发现问题可以进一步修改（可以扫码查看视频最终效果）。

第六章

夸父的故事：如何制作 AI 教育类视频

在传统绘画中，一套连环画的制作需要进行数月的打磨，而今天，用“DeepSeek+ 即梦 AI+ 剪映”组合，只需要半小时和简单几步，中国古典神话就可以跃然屏上。

以“夸父逐日”为例，DeepSeek 先化身故事大师，将成语转化为儿童版叙事；再变身分镜导演，拆解出“巨灵擎天”“踏岳饮河”等电影级画面，并生成精准的 AI 绘画指令；即梦 AI 则成为数字画师，通过“参考图迭代”技术，让细节连贯统一，火山岩浆与幻化桃林的水墨质感一气呵成。

更令人惊喜的是，从文字到图片再到动态视频，整个过程不需要专业知识——你只需要像搭积木一样输入指令，AI 便会自动填补创意与成品之间的鸿沟。当技术能捕捉神话中“黄河旋涡里的鲤鱼精”，甚至能让巨人轰然化山的悲壮场景幻化为花瓣雨时，每个人都能成为数字时代的“神话再造者”。这不仅是创作效率的革命，更是传统文化在数字时代的新生。

一、用 DeepSeek 撰写古代成语“夸父逐日”的故事

第一步，生成适合小朋友听的成语故事。

打开秘塔AI搜索，选择“全网”和DeepSeek的长思考·R1模式，在对话框中输入以下指示词：“你是一个会讲故事的人，请围绕‘夸父逐日’这个成语，编写一个适合六岁小朋友听的故事，字数在600字内。”

生成内容如下。

夸父逐日：勇敢巨人的传奇之旅

我来讲一个关于勇敢巨人的故事，小朋友要仔细听哦！在很久很久以前，有一座高得能碰到云朵的大山，山里住着许多力大无穷的巨人，他们的首领名叫夸父。夸父耳朵上挂着会发光的黄蛇耳饰，能轻松举起大石头，但他最厉害的是有颗金子般的心，总是带着族人挖水渠抗旱灾，打跑吃庄稼的野兽。

有一年夏天，天气特别奇怪，太阳像烧红的铁球挂在天上，小溪干涸到露出石头，田里的麦子都耷拉着脑袋。夸父看到族人们嘴唇干裂，小娃娃饿得直哭，便摸着干枯的桃树说：“我要去找太阳谈谈！”族人们急得拉住他：“太阳住在天的尽头，要走九天九夜呢！”可夸父已经背上装满果子的布袋，手执心爱的桃木手杖出发了。

第一天，夸父追着太阳跳过99座山，踏碎山脊，松果噼里啪啦往下坠落，惊醒了打盹的小松鼠。第二天，他踩过的小水塘溅起水花形成彩虹，水花淋湿了路边晒蔫的蒲公英。第七天经过黄河时，他“咕咚咕咚”把整条河喝成小水沟，慌得小鱼们甩着尾巴喊：“留点水给我们呀！”

终于在某天傍晚，夸父追到太阳落山的地方。他的脚丫磨出血泡，嗓子像着了火，他对着太阳嘶吼："请你每天早点休息，让我的族人能种出甜甜的桃子！"说完他累得跌坐在地，神奇的事情发生了——他的桃木手杖扎进土里，"唰"地长成开满粉花的桃林，清甜的桃汁从树干流出来。

现在每到夏天傍晚，天空会出现大片火烧云，那是夸父在给太阳挠痒痒呢！而那片桃林永远结着蜜桃，过路的人摘颗桃子，就能听到风里传来夸父的声音："慢慢走，前面就有甘泉啦！"

第二步，生成成语故事的分镜头脚本和 AI 绘画指示词。

在秘塔 AI 搜索输入以下指示词："请根据上面'夸父逐日'的故事撰写五个分镜头脚本，并给出最佳的 AI 绘画指示词。"

生成内容如下。

分镜头脚本设计（基于《夸父逐日》故事核心情节）

分镜头脚本框架，按照影视工业标准，采用"镜号+画面+景别+摄法+声音"多维结构，融合神话史诗感与现代动态美学。

分镜头 1：史诗级神话场景，画面风格为水墨重彩。云雾缭绕的巍峨山巅，身披兽皮的巨人首领夸父立于云端，耳垂悬挂发光黄蛇耳饰，手臂肌肉虬结，双手高举巨石，身后是开凿水渠的族人。山体以青黛色渲染，云雾用留白技法，夸父的黄金心形光芒从胸膛透出，黄蛇鳞片细节需闪烁微光。

分镜头 2：末日旱灾图，画面风格为水墨重彩。赤红色天空下，龟裂的焦土上麦秆枯黄低垂，夸父身背藤编布袋，手持桃木手杖，不远处有送他的族人。太阳以金色旋涡呈现，桃木杖纹理需雕刻部落图腾。

分镜头3：动态追逐长卷，画面风格为水墨重彩。巨人踏碎山脊腾跃而起，99座山峰呈波浪状崩塌，松果雨点般坠落，黄河水被虹吸入口形成螺旋水柱，小鱼群在缩小的河床中惊慌跃动。夸父的兽皮裙摆飞扬，桃木杖尖端在水波中划出七彩流光。

分镜头4：神迹转化时刻，画面风格为水墨重彩。夸父跪坐于熔岩平原，他背对着太阳，露出坚毅的神色。夸父手中的桃木杖插入地面裂缝，瞬间迸发万千粉白花枝。画面需强调光影对比，日落处用镉红色渐变，新生桃林采用没骨画法表现朦胧花雾。

分镜头5：永恒馈赠图卷，画面风格为水墨重彩。云层幻化成巨人轮廓轻触落日，旅行者向着光处行走，他身后是结满琥珀色果实的桃林。地面岩层隐约浮现巨人脚印形状的清泉，整体画面充满东方浪漫主义的神秘感。

二、用即梦AI生成油彩风格的分镜头脚本图片

1. 根据分镜头脚本生成系列图片

打开即梦AI官网，选择“AI作图”功能，生成“夸父逐日”五

组分镜头的图片。流程如下图所示。

（1）点击“图片生成”。

（2）在输入框中依次输入前面 DeepSeek 生成的五组分镜头脚本的 AI 绘画指示词。

（3）设置参数，如生图模型、精细度、图片比例、图片尺寸等。

（4）点击“立即生成”。

（5）从右边图片生成框中生成的四幅作品，选择满意的图片下载保存。若不满意，也可以选择重新生成。

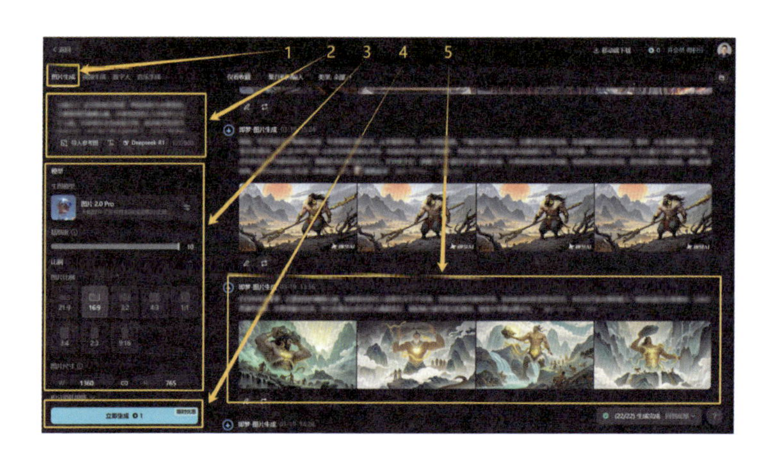

2. 保持不同图片的风格一致性

在连环画或其他依照分镜头脚本生成的系列图片中，保证图片中风格、器物等的一致性，是特别重要的。我们在这里介绍一下保证系列图片一致性的技巧，如下图所示。

（1）选择生成的第二张图片，在对话框下方，点击“导入参考图”，导入第一次生成保存的图片，作为后面图片生成时的参考图。

（2）在图片下方选择需要参考的图片维度，可选择项有：智能参考、主体、人像写真、角色特征、风格、边缘轮廓、景深、人物姿势。

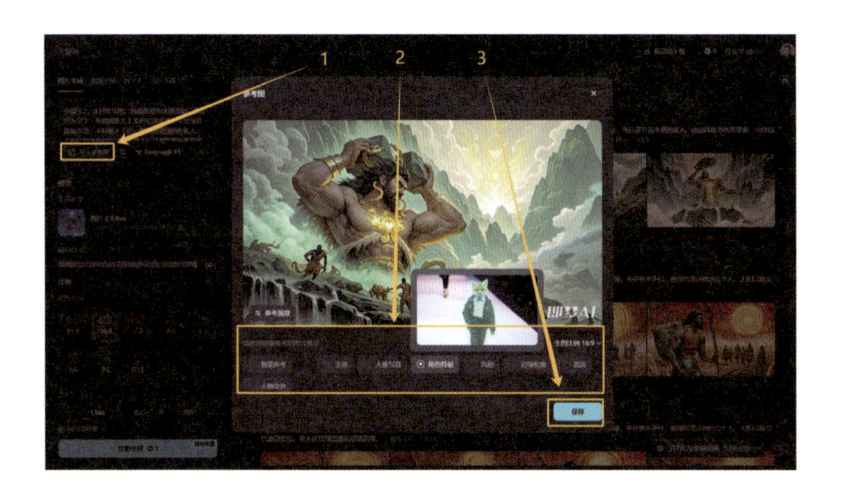

（3）点击保存，导入的参考图片的小图和参考维度就会出现在左上角的指令词输入框中，如下图所示。

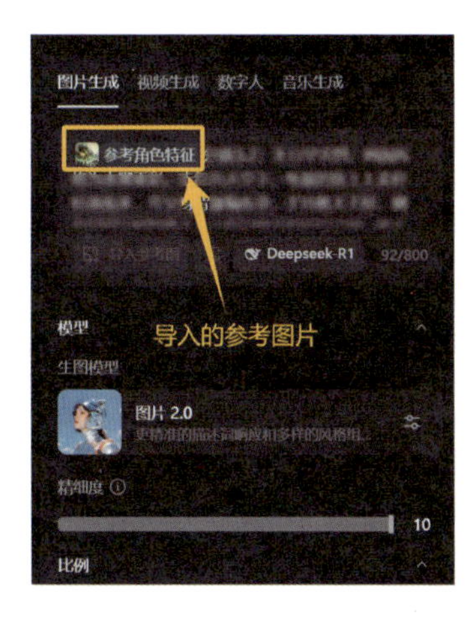

3. 检查五张分镜头脚本图片

将五张依照分镜头脚本生成的系列图片依次排列，并附上相关图片解说文案。若对生成的图片有不满意之处，还可以返回即梦 AI 进一步编辑修改，如下图所示。

（在很久很久以前，有一座高得能碰到云朵的大山，山里住着许多力大无穷的巨人，他们的首领名叫夸父）

（有一年夏天，天气特别奇怪，太阳像烧红的铁球挂在天上，田里的麦子都耷拉着脑袋。看到族人们嘴唇干裂，夸父心急如焚："我要去找太阳谈谈！"）

（夸父追着太阳跳过 99 座山，口渴之下喝干了黄河之水，慌得小鱼们甩着尾巴喊：“留点水给我们呀！”）

（夸父终于追上了落日，他对着太阳嘶吼：“请你每天早点休息，让我的族人能种出甜甜的桃子！”说完他累得跌坐在地，他的桃木手杖扎进土里，“唰”地长成开满粉花的桃林）

（那片桃林永远结着蜜桃，过路的人摘颗桃子，就能听到风里传来夸父的声音："慢慢走，前面就有甘泉啦！"）

三、即梦 AI 让分镜头脚本的静态图片动起来

1. 上传图片素材并添加描述

第一步，打开即梦 AI，上传图片素材：（1）点击"故事创作"；（2）点击"批量导入分镜"；（3）点击"从本地上传"；（4）将夸父逐日故事的五张分镜头图片导入编辑框；（5）为这一组分镜头命名；（6）为每一张分镜头图片添加文字描述（可使用此前用秘塔 AI 撰写的分镜头图片生成指令），如下图所示。

AI 作图
AI 视频
数字人
1
想象力挑战第49期·复古未来主义

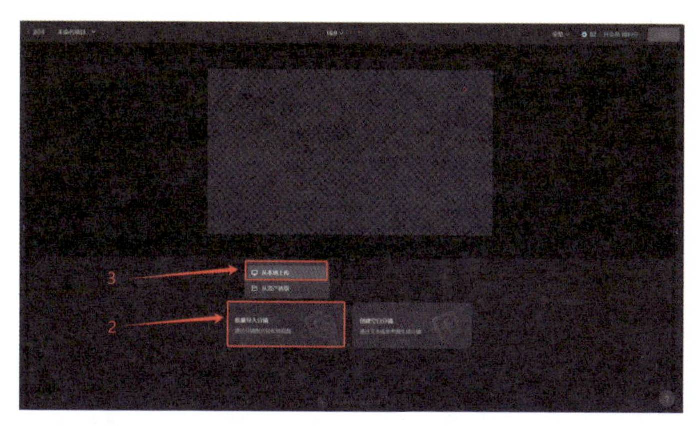
3
2

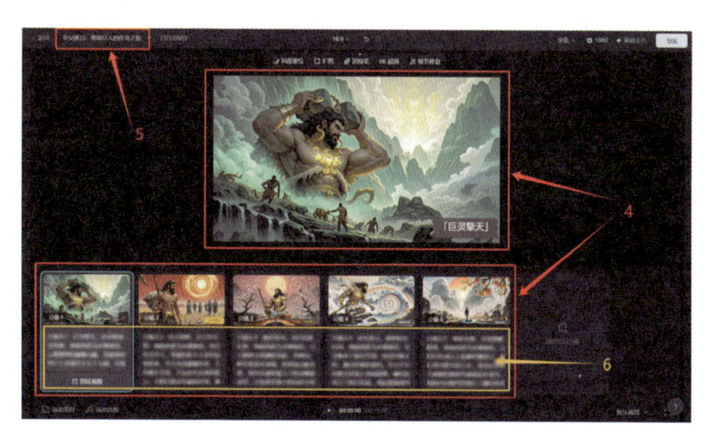
5
4
「巨灵擘天」
6

2. 将图片素材转化为视频素材

第二步，对上传的图片进行编辑，转化为动态视频：（1）在即梦AI的操作界面中，点击最左边的图标，将编辑功能区展开；（2）点击“视频生成”；（3）选中第一张图片，加入之前由DeepSeek生成的分镜头描述；（4）进行参数设置，如“视频模型”“关键帧控制”（上传之前由即梦AI生成的相关分镜头图片）、生成时长（一般为5秒）、视频比例（默认“自动匹配”）；（5）点击“生成视频”；（6）经过1～2分钟，图片生成时长5秒的视频，图片和视频在编辑框右边的“分镜素材”中出现，如下图所示。

第三步，生成视频并导出：（1）重复上述操作，将5张素材图片全部转化为5秒视频；（2）点击“导出”；（3）选择“导出草稿至剪映”，然后将视频素材上传至剪映云空间，如下图所示。

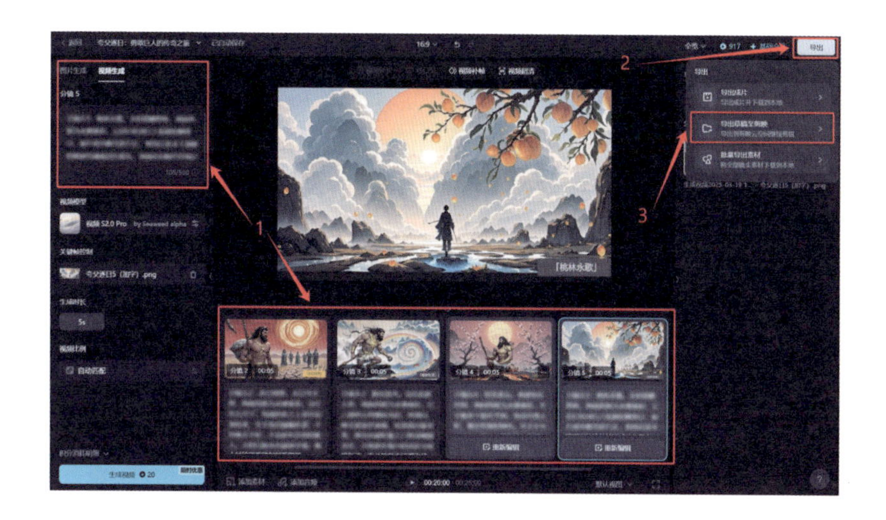

四、用剪映为“夸父逐日”视频生成史诗音乐

1. 为视频素材进行 AI 配乐

第一步，打开剪映下载视频素材：（1）点击“我的云空间”；（2）选择下载之前通过即梦 AI 上传到云空间的视频素材；（3）点击“确定”，下载到本地；（4）在“草稿”文件夹中选择视频素材；（5）点击“去编辑”。

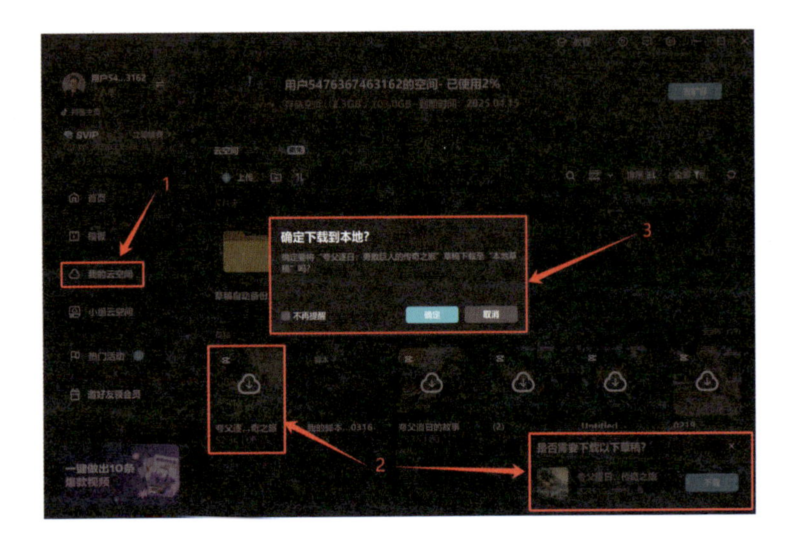

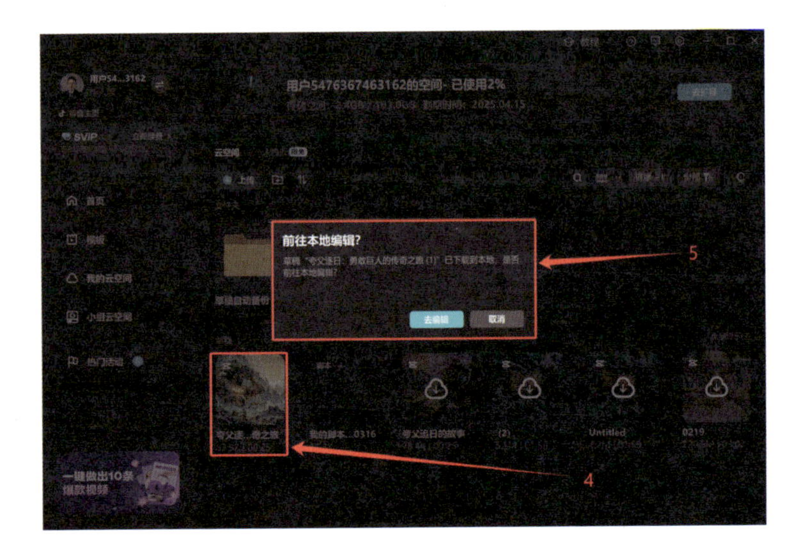

第二步，用剪映打开下载的视频素材：（1）点击“音频”；（2）选择“AI音乐”；（3）选择“纯音乐”；（4）选择“史诗音

乐”；（5）在“描述你想要的音乐”中输入“夸父逐日”这一关键词；（6）点击“开始生成”，如下图所示。

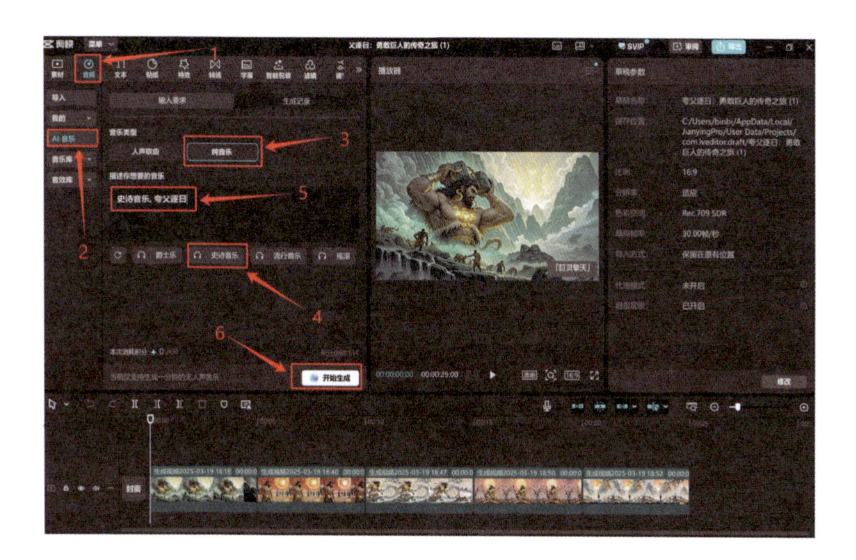

第三步，从 AI 生成的音乐中，选择一首合适的，下载并使用，如下图所示。

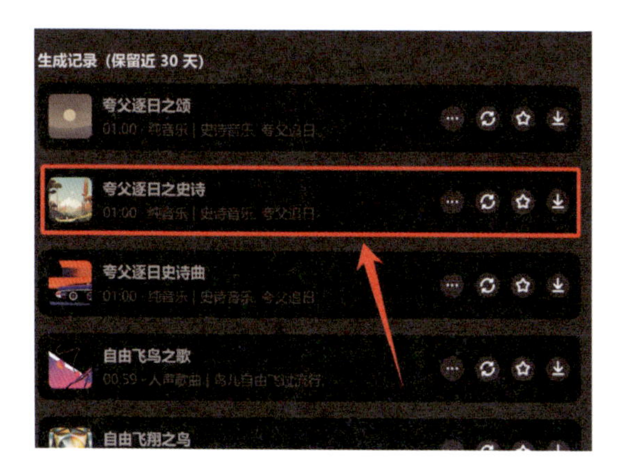

第四步，对选择的 AI 音乐进行编辑，如下图所示。

2. 为视频素材配字幕

用剪映打开“夸父逐日故事”的视频素材：（1）点击“文本”；（2）选择“新建文本”“默认文本”；（3）为每张分镜头脚本的图片输入标题及相关解说文字；（4）对字幕进行参数设定（字体、字号、样式、颜色、字间距、行间距、对齐方式等）进行编辑；（5）编辑后的字幕最终在视频上呈现的效果；（6）将编辑好的视频导出保存，如下图所示。

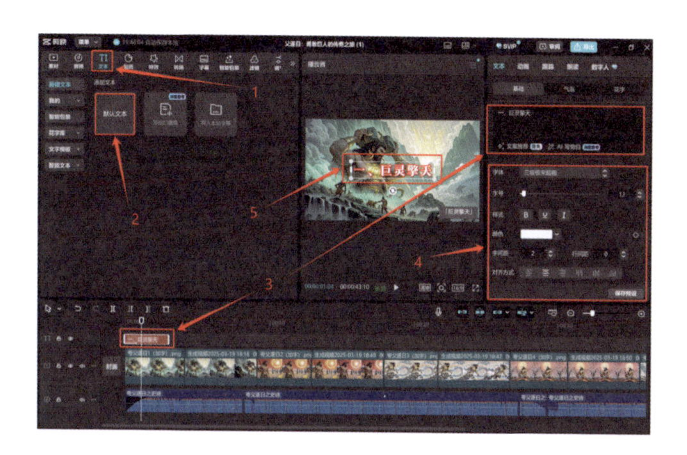

3. 对完成视频进行完整展示

至此，关于中国古典神话故事《夸父逐日：勇敢巨人的传奇之旅》的视频全部制作完成，可以点击下载文件进行完整展示，若发现问题可以进一步修改，如下图所示（可以扫码查看视频最终效果）。

（中国经典成语故事《夸父逐日：勇敢巨人的传奇之旅》视频）

第七章

当代茶道美学：如何制作 AI 商业类视频

在数字营销竞争日益激烈的今天，商业类视频已成为品牌触达消费者的核心媒介。但过去拍广告要找专业团队，花钱多、耗时长，小商家根本扛不住。然而，随着 DeepSeek、可灵 AI、剪映等 AI 工具的成熟，商家正迎来“零门槛”创作时代——从脚本生成到视频输出，普通人也能自己动手做高质量视频，不仅能省下一大笔钱，效果还一点儿都不差。

作为“智能助手”，这些工具把复杂的步骤变成“一句话的事”。具体表现如下。

首先，写脚本不用愁。告诉 DeepSeek“我要卖一款纯粮白酒”，它就能自动生成时长 30 秒的短视频剧本，连画面怎么拍都帮你想好了：“清晨的高粱田，阳光穿过晨雾，拍出电影感。”其次，找素材省时间。以前想用“火车穿过麦田”的画面，要么自己拍，要么花钱买。现在打开可灵输入一句话，就能生成动态视频，还不用担心版权问题。最后，剪辑自动完成。用剪映的“一键成片”功能，上传产品图片和文案，AI 会自动配音乐、加特效，花 10 分钟就能制作出一个商业类视频。

本章以某乌龙茶品牌的营销案例为例，看商家如何通过 DeepSeek、可灵 AI、剪映等 AI 工具，生成一个融合传统工艺与现代都市感的商业类视频。

一、DeepSeek 生成乌龙茶品牌商业脚本

在 DeepSeek 文本框，输入如下指令："我要制作一个时长 30 秒的乌龙茶商业宣传片，乌龙茶的品牌名为'尚品堂'。请为我生成一个脚本，要求包括时间轴、画面描述、文案字幕、音效、镜头运动等元素，整体风格要大气精致。"

DeepSeek 生成了融合视觉美学与品牌调性的分镜头脚本，生成内容如下。

【30 秒乌龙茶广告分镜头脚本】

0:00 ~ 0:05

【航拍镜头】晨雾中的梯田式茶园，露珠在墨绿茶叶间折射金光。

字幕：千年茶韵 · 一品匠心。

音效：空灵鸟鸣 + 渐起的古筝泛音。

镜头：无人机从茶园底部 45 度角上升推进。

0:06 ~ 0:10

【微距特写】戴着白手套的匠人用手指轻捻茶叶，叶脉纹理清晰可见。

字幕：古法焙制 七道匠艺。

音效：炭火细微爆裂声 + 丝绸摩擦声。

镜头：轨道平移 + 焦点从指尖转移到叶片。

0:11 ~ 0:16

【动态镜头】琥珀色茶汤沿鎏金茶器倾泻，慢镜头呈现茶水流动效果。

字幕：凝萃东方茶魂。

音效：清冽水流声 + 编钟余韵。

镜头：270 度环绕拍摄 + 高速摄影升格。

0:17 ~ 0:22

【人物场景】现代艺术馆内，商务精英举杯品茗，窗外竹林随风摇曳。

字幕：尚品堂 · 当代茶道美学。

音效：瓷器轻碰声 + 竹叶沙响。

镜头：前景虚化茶杯 / 后景人物中景平移。

0:23 ~ 0:27

【产品展示】黑底金纹礼盒缓缓打开，茶罐表面浮现水墨丹青动画。

字幕：礼遇时光 自有境界。

音效：宣纸展开声 + 低频震动音效。

镜头：俯拍镜头伴随光影粒子特效。

0:28 ~ 0:30

【品牌定版】“尚品堂”篆刻印章标志压入青玉色茶台。

字幕：尚品堂乌龙茶 东方至味。

音效：玉石叩击声 + 交响乐高潮收尾。

镜头：三维立体翻转动画。

由生成结果可见，DeepSeek 按照要求提供了执行性比较强的优秀脚本。在结构上，这个时长 30 秒的广告分镜头脚本包括了开场的视觉吸引，中间的产品展示，结尾的品牌强化，同时分为几个核心场景，包括自然茶园、产品特写、冲泡过程、消费者体验等。我们就以此为基础，打造一个高品质商业类视频大片。

二、即梦 AI 生成视频《千年茶韵》的素材

接下来，我们具体演示下如何利用即梦 AI 的“图片生成”功能，把 DeepSeek 生成的画面描述生成高品质的图片。

第一步，在即梦 AI 的“AI 作图”模块中，点击选择“图片生成”功能。如下图所示。

第二步，进入“图片生成”界面后，将 DeepSeek 的第一句画面描述复制到文本框，并选择合适的参数，然后点击“立即生成”。在界

面右侧可见，即梦 AI 根据画面描述，生成了四张备选图片。如下图所示。

第三步，将 DeepSeck 的后五句画面描述，按上述第二步的操作步骤，逐一复制进文本框。即梦 AI 为每一句画面描述都生成了四张备选图片，我们可以分别选择最能表达脚本意境和产品定位的图片，由此，我们得到了六张按脚本生成的图片。如下图所示。

从生成的图片来看，整体传达出了乌龙茶优雅、宁静、高品质的感觉，比如茶园展示了广阔的绿色图景，增加了大气的感觉；特写镜头展示了茶叶的细节，比如水珠在茶叶上的反光，显得精致。下面，我们根据选好的六张图片，分别生成视频。

第四步，进入即梦 AI 的“视频生成”界面，将刚才生成并选择的第一张图片上传，并输入画面描述“晨雾中的梯田式茶园，露珠在墨绿茶叶间折射金光”，选择合适的参数后，点击“生成视频”。在界面右侧可见，即梦 AI 根据图片和画面描述，生成了一段视频。如下图所示。

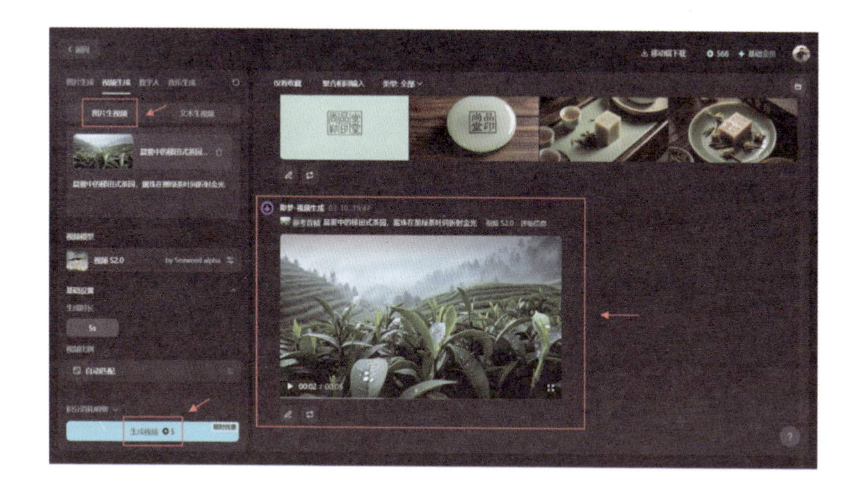

第五步，我们将选好的其他五张图片，按照上述操作步骤，逐一生成视频。由此，我们得到了六段按图片生成的高品质短视频。

三、剪映剪辑生成“当代茶道美学”成片

接下来，将六段按图片生成的高品质短视频上传到剪映，并进行转场、配乐、字幕等处理，以获得更高品质的呈现。

最后，点击“导出”按钮，下载到本地。如下图所示。

视频效果的截图如下图所示（可以扫码查看视频最终效果）。

从生成的整个短视频来看，产品包装突出了“尚品堂”的品牌，用金色或暗纹彰显了品质感；文案字幕简洁有力，“千年茶韵 · 一品匠心”这样的对仗句，既体现传统意味又有工艺感。总体来说，这个脚本的画面和文案都与注重生活品质的乌龙茶目标受众相吻合，满足了一般品牌商家的需求。

从这个案例也可以看出，DeepSeek 与即梦 AI、剪映等应用的组合，标志着商业类视频制作从“技术密集型”和“创意驱动型”向“需求驱动型”的颠覆式转变。商家只需要提出需求，AI 一方面可以通过聚焦品牌故事与用户洞察来输出创意，另一方面又以低成本、高效率的方式，直接成为实现创意的“超级助手”。

第三篇章

DeepSeek 短视频运营变现拆解

你是否发现，同样的内容在不同平台上会有截然不同的表现？这不是运气问题，而是平台算法与用户基因的差异在作祟。短视频江湖早已进入“生态化生存”时代，而DeepSeek这款AI工具，正在为创作者打开多平台通吃的大门。

平台算法如同考官：抖音要在前3秒抓眼球，快手爱真实故事，小红书需要种草干货，视频号依赖社交裂变，B站[①]期待知识盛宴。面对迥异的“考试规则”，DeepSeek像全能教练，能根据不同平台的“考纲”生成适配脚本。

如果说本书第九章是“AI解题秘籍”，那么第十章就是“变现藏宝图”。你能想象通过AI数字人直播实现24小时带货吗？这些应用场景正在被普通创作者变为现实。更令人惊叹的是，AI能洞察用户情绪，自动调整内容策略——当检测到观众对怀旧元素敏感时，它就会调用老照片特效和温情旁白，让打赏转化率飙升。

这不是枯燥的技术手册，而是充满商业智慧的实战指南。书中每个案例都在证明：AI不是人们的对手，而是放大创意的杠杆。

在算法洪流中，人类的不可替代性恰恰在于那些“不完美的真实”。就像快手用户的方言对话，小红书博主的真实体验，B站UP主的硬核科普，这些才是AI无法复制的灵魂。本书将告诉你如何在技术与人性之间找到平衡点，让DeepSeek成为你在创作之路上的得力助手。

无论你是内容创业者还是中小企业主，这本书都将告诉你如何用“平台思维+技术杠杆”，在短视频江湖中开辟“掘金”之路。

---

① 即“哔哩哔哩网站”，简称“B站”。——编者注

第八章

DeepSeek 短视频如何适应平台

当前短视频行业竞争白热化，对内容创作者而言，如何在不同平台算法与用户偏好的双重夹击中突围，已成为关乎生存的核心命题。DeepSeek 作为 AI 创作工具的代表，正通过深度适配抖音、快手、小红书、视频、B 站等不同平台生态的解决方案，为创作者打开新的突破口。

这五个主流短视频平台中，抖音的“流量江湖”强调前三秒“黄金钩子”和完播率，快手注重“信任经济”和熟人社交属性，小红书用户对种草逻辑和深度测评有强烈需求，视频号则具有微信生态传播和社交裂变特性，B 站用户对内容有“既要深度又要趣味性”的双重需求……创作者可以根据不同的平台风格，向 DeepSeek 发出指令进行“多风格裂变”，真正实现“一鱼多吃”。

为了展现 DeepSeek 对不同平台的适配性，本章以“便携式卷发棒的五大平台风格化脚本”为例，将其融入对抖音、快手、小红书、视频号和 B 站的分析过程中，具体展现 DeepSeek 在各平台上的差异化（见表 8-1）。

表 8-1 五大平台的关键维度对比

平台	内容形态	用户期待	变现路径	核心互动设计
抖音	15 秒视觉轰炸	即时爽感	挑战赛导购	争议性话题评论
快手	38 秒场景故事	情感共鸣	直播间信任下单	方言互动接龙
小红书	图文 + 20 秒精华	决策依据	搜索关键词转化	收藏 / 合辑归类
视频号	25 秒情感短片	社交货币	私域客服跟进	家庭群 @ 提醒
B 站	5 分钟技术剧场	知识娱乐化	充电打赏 / 品牌定制	弹幕梗文化 + 共创挑战

一、抖音：算法逻辑下的爆款工厂

1. 抖音平台核心特点分析

（1）算法驱动的流量分配机制

抖音的推荐算法以“短平快”为核心，强调前 3 秒的“黄金钩子”和完播率，通过“完播率—互动率—复播率”的递进式算法筛选机制，要求内容必须具备强冲击力的开场设计，快速抓住用户注意力。对比快手（强调社区属性）和小红书（重图文种草），抖音更依赖强节奏、高密度的信息传递，要求创作者在短时间内完成“悬念建立—冲突升级—高潮释放”三段式结构的设计。

（2）用户行为与内容偏好

抖音用户日均使用时长达到 128 分钟，其中，“Z 世代”在所有用户中的占比达 58%，形成“视觉优先、情绪驱动”的内容消费特征。抖音用户群体年轻化，偏好娱乐化、视觉冲击力强的内容，如剧情反转、特效大片、热点话题演绎。平台数据显示，融合“技术拟人化 + 冲突设计”内容的视频的互动率比常规内容高出 3.2 倍，如国际象棋 AI 对战视频获高点赞量，展现用户对戏剧化叙事的偏爱。相较于其他短视频平台，抖音更依赖公域流量的“爆款制造”能力，需要内容具备病毒式传播基因。

（3）商业化与创作生态

抖音的“兴趣电商”模式要求内容兼具娱乐性和带货属性，需自然植入产品卖点。例如，一位美食博主通过 DeepSeek 生成“麒麟火焰醉金甲”等概念菜品，既形成视觉奇观又植入厨具产品，单条视频带货获得高转化率。这种“软性种草”模式与小红书的测评式种草形成鲜明对比，更强调创意与商业的自然融合。比起美妆博主在小红书撰写成分分析，抖音创作者更喜欢“虚拟试妆 + 特效变脸”的沉浸式体验视频，将产品植入转化为视觉盛宴。

2. DeepSeek 如何适配抖音

（1）爆款文案结构的拆解与生成

DeepSeek 通过分析抖音百万播放量视频，提炼“颠覆认知提问”“冲突场景描述”等模板，生成符合算法偏好的开头钩子。在节奏与悬念设计上，自动规划“三段式结构”（钩子—冲突—解决方案），适配抖音短时长、高密度的叙事逻辑。比如，基于对爆款视频的机器学习，自动生成包含颠覆性提问（如“AI 竟能预测彩票？”）或极端场景预设（如“用 DeepSeek 挑战 1 元生存 30 天”）的开场模板。

（2）热点捕捉与内容本地化

在实时热点挖掘上，DeepSeek 结合抖音热搜榜和用户评论数据，生成与平台热门话题（如挑战赛）强关联的创意选题，并在热点响应机制上实时抓取平台挑战赛话题。针对抖音的区域流量池（如方言内容）和垂类标签（如美妆、美食），提供定制化脚本建议。某剧情号利用此功能批量生产方言短剧，单月涨粉数达 45 万。

（3）视觉化内容辅助创作

在分镜与特效提示词生成上，通过 DeepSeek 生成符合抖音风格的高频视觉关键词（如“运镜转场”“霓光滤镜”），联动 AI 绘图工具（如 Midjourney）和视频生成工具（如即梦 AI）快速产出素材。在智能分镜设计上，根据文案自动生成包含“特写—全景—运镜轨迹”的分镜脚本，如美食类视频标配“食材特写—烹饪过程—成品展示”的镜头组合。

（4）数据驱动的迭代优化

在互动率提升策略上，DeepSeek 分析抖音高互动视频的评论区热词，生成引导点赞、提问或争议性结尾的文案。针对评论区热词生成的互动话术，如“选左还是右？ 3 秒测你的审美基因”，更将平均互动率向上拉升。

3. 案例：“便携式卷发棒”产品脚本之抖音风格版

在抖音，创作者把产品转化为“可视觉化的事件冲突”，用信息密度冲击算法阈值。

抖音版：算法驯兽师的视觉博弈（时长 15 秒）

创作思路

针对抖音“前 3 秒定生死”的算法机制，将产品核心卖点（3 秒速热）转化为视觉冲突事件。开场设计借鉴平台热门“极限挑战”类内容，用危险动作类比产品特性，在用户本能停留的瞬间植入记忆点。

完整脚本

0 ~ 1 秒

黑屏中突然响起打火机点火声，一簇火苗照亮女主角错愕的面部特写，定格字幕“你敢用打火机做发型？”(听觉 + 视觉双重刺激)

2 ~ 3 秒

火焰特效转化为卷发棒红光，发丝滑过镜头的慢动作呈现丝绸光泽，机械音效“滋……”强化科技感。

4 ~ 8 秒

快节奏卡点切换 3 个场景

- 地铁补妆（1 秒）：拥挤车厢中快速卷刘海。

- 行李箱特写（1秒）：产品与口红并列展示便携性。
- 沙滩日落（2秒）：海风中维持的完美卷度。

9～12秒

女主突然贴近镜头挑眉："3秒热度，这次刚刚好。"（手持产品转动露出商标。）

13～15秒

屏幕炸裂特效弹出"点击挑战同款光速造型"，评论区预设争议话题："第3秒的火光是不是特效？"

二、快手：信任经济与乡土叙事

1. 快手平台核心特点分析

（1）圈层化社区与"半熟人社交网络"

快手通过同城页、粉丝头条等功能构建的"半熟人社交网络"，形成东北老乡、云贵手工艺人、中原三农博主等特色圈层。平台数据显示，60%的快手用户会主动搜索同城内容，用户互评率是抖音的2.3倍。这种强地域黏性要求内容必须渗透到县域文化的肌理中，例如山东菏泽的"曹县汉服"话题，就是通过方言梗引爆社区的。

（2）土味美学与"不完美的真实"

与抖音的"精致感"、B站的"二次元萌系"不同，快手用户对原生粗糙感的接受度更高。数据显示，快手直播间使用方言讲解的总交易额转化率比标准普通话高，背景中出现农具、土灶等元素的视频完播率也有较大幅提升。这为 AI 工具提供了独特的创作标尺——不是追求技术炫技，而是放大“不完美的真实”。

2. DeepSeek 如何适配快手

（1）社区属性与内容调性

快手以“信任文化”为核心，强调真实感、下沉市场及强社区黏性，用户更关注贴近生活的草根创作和情感共鸣。相较于抖音的潮流化、B 站的二次元文化、小红书的精致生活方式，快手的内容更偏向“接地气”和“真实记录”。比如，某农产品商家使用 DeepSeek 的功能，输入产品信息后生成“土特产采摘 + 老乡推荐”视频，结合快手用户信任机制，单条视频带货转化率提升。

（2）场景化素材智能匹配

通过分析快手爆款视频，DeepSeek 建立了包含“农村红白事”“县城商业街”“工地日常”等垂类素材库。比如，当创作者输入“卖西瓜帮儿子筹学费”时，系统自动组合在烈日下擦汗、三轮车颠簸、等了很久却没有顾客等镜头，形成沉浸式叙事。另外，DeepSeek 还可以生成符合快手用户偏好的本地化内容，例如方言配音、乡土场景的素材匹配等。

（3）数据驱动的热点捕捉与优化

快手内容需要快速响应平台内的流行话题，DeepSeek 的热点分析功能可实时抓取快手热门标签，生成相关脚本建议。对比抖音的算法推荐逻辑，快手更注重社区内垂直内容的深度挖掘，而非全平台泛流量竞争。例如，结合“赶海”热点，推荐创作者使用“渔民生活+幽默旁白”的模板。

3. 案例：“便携式卷发棒”产品脚本之快手风格版

在快手，创作者可以构建“人情味的使用场景”，让产品成为社交关系的润滑剂。

快手版：半熟人信任链的构建艺术（时长 38 秒）

创作思路

利用快手“半熟人社交”属性，通过代际互动建立情感认同。放弃参数强调，转而用生活化的道具类比（老式熨斗）降低理解门槛，让产品成为“孝心传递”的载体。

完整脚本

0 ~ 5 秒

东北农村小院全景，穿花棉袄的大妈举起火钳（方言：“闺女你看这是啥老古董？”）。

6 ~ 15 秒

女儿笑着递上卷发棒：“妈，现在城里都用这个！”对比演示：

- 火钳把头发烫煳（刻意夸张表演）。
- 卷发棒 3 秒成型波纹卷（加入“哎呀妈呀”惊叹音效）。

16 ～ 25 秒

母女互相做发型时的自然对话：

“你小时候偷用我口红被揍还记得不？”

“这不给您赔个新款时髦发型！”

26 ～ 35 秒

镜头扫过院里的玉米堆、摇尾巴的土狗，产品特写出现在窗台笸箩旁（字幕：“城里时髦，咱家也赶趟”）。

36 ～ 38 秒

大妈对着镜头竖大拇指，背景传来邻居画外音：“老张家的，借你家卷发棒使使呗！”

三、小红书：信任闭环与精致种草

1. 小红书平台核心特点分析

（1）女性用户为主 + 强调体验分享

作为中国最具特色的内容平台之一，小红书以“真实、实用、高互动”的社区文化，构建了与抖音、B 站等平台差异化的生态体系。据估计，2025 年，其用户规模将突破 4 亿大关，月活用户达 3.5 亿人，女性用户占比 72%，24 ～ 35 岁群体贡献 62% 的核心消费力。内容形式以“图文 + 短视频”为主，强调深度体验分享与情感共鸣，而非单纯娱乐化或快节奏的视觉冲击。

（2）“搜索社区”驱动 + “去中心化”分发

小红书 60% 用户通过主动搜索获取信息（如“油皮粉底推荐”“三亚亲子酒店攻略”），形成“需求触发→内容消费→决策转化”的强闭环链路。小红书采用“长尾内容友好型”推荐机制，优质笔记可能持续获得 3 ~ 6 个月的二次曝光，形成“阶梯式流量池”模型。用户行为数据（点赞、收藏、完播率）与内容标签（场景词、情绪词）共同决定推荐权重，形成“千人千面”的精准匹配。

（3）“信任经济”主导的商业生态

小红书用户倾向于通过评论互动建立信任关系，例如分享个人经验、提问或参与讨论，平台算法也更注重互动率（点赞、收藏、评论）对内容曝光的影响。算法机制强调“互动率优先”，收藏率 > 5%、评论互动率 > 3% 的内容更易获得流量倾斜，而非单纯依赖播放量。用户对“真实体验”极度敏感，“滤镜景点翻车”事件导致多个旅游博主掉粉数量超 30%。用户消费决策高度依赖搜索和种草内容，品牌推广需融入生活场景，避免硬广。

2. DeepSeek 如何适配小红书

（1）标题与文案的精细化生成

小红书用户对标题的敏感度极高，创作者需要在 20 字内突出核心价值，结合符号、表情包等增强吸引力。案例指令：“你是一位美妆测评博主，创作一篇主题为‘春季敏感肌护肤’的内容，要求生成5个标题，使用表情包并突出平价好物推荐。”

DeepSeek输出示例：“春季救星！5款平价敏感肌神器，红血丝秒退散！”（下略）

（2）内容创意的垂直化与深度化

提供多视角创作建议，例如拍摄角度（如“开箱+使用对比”）、故事化叙事（如“从烂脸到素颜女神的心路历程”）。案例指令：“你是一位小众旅行博主，规划一篇‘大理小众咖啡馆探店’内容，需包含拍摄场景设计、互动问题及数据支撑。”

DeepSeek生成分镜脚本：包括咖啡馆环境特写、手冲咖啡过程、与店主访谈提问“你心中的理想咖啡是什么”。（略）

（3）互动设计的场景化引导

通过开放式问题或用户故事征集，提升评论区活跃度。案例指令：“作为母婴博主，在‘宝宝辅食添加误区’视频结尾设计3个互动问题，引导用户分享经验。”

DeepSeek输出：“你踩过哪些辅食坑？留言区揪3位宝妈送辅食工具套装！”（下略）

3. 案例：“便携式卷发棒”产品脚本之小红书风格版

在小红书打造“可收藏的技术档案”，满足用户的认知好奇心。

小红书版：技术党的理性说服（图文 +20 秒视频）

创作思路

针对平台用户的“成分研究癖”，用实验室级测评建立专业信任。通过拆解产品内部结构，满足用户“知其所以然”的心理需求，同时埋藏多个长尾关键词。

内容设计

封面：九宫格对比图（直发 / 卷发 / 编发 + 温度测试仪 / 负离子发生器特写）。

正文：

实测 | 巴掌大的黑科技！出差党必看

【3 秒速热真相】红外测温仪显示：室温 25℃→ 170℃仅需 2.8 秒（附实验室慢动作视频）

【护发玄机】拆机发现隐藏负离子发生器！对比实验：使用后发尾分叉减少 38%

【隐藏功能】除了造型还能充当：

✓ 应急暖手宝（恒温 55℃持续 20 分钟）

✓ 拆快递小工具（弧形边缘不伤手）

×【避雷指南】粗硬发质需要调 2 档！否则成型度差（附不同发质效果对比图）

视频片段

0 ~ 5 秒：产品拆解过程（放大电路板细节）。

6 ~ 12 秒：不同发质使用对比实验。

13 ~ 20 秒：机场安检场景快速通过（强调便携性）。

四、视频号：熟人社交与实用主义

1. 视频号平台核心特点分析

（1）“无须下载，熟人社交”的天然优势

视频号直接内嵌于微信内页，用户无须额外下载 App 即可观看和创作，极大降低了使用门槛。更重要的是，它深度绑定微信好友关系链——你发布的视频会优先推荐给好友及群聊成员，好友的点赞和转发行为会直接影响视频的曝光范围。例如，一条名为《春节送礼避坑指南》的视频被用户分享到家族群后，因多位长辈点赞，最终突破 50 万播放量，评论区出现大量“@ 儿女来看”的留言。

（2）公私域流量的无缝衔接

视频号是唯一能同时撬动微信公域流量（如推荐页、搜一搜）和私域流量（朋友圈、微信群）的平台。创作者可通过一条视频实现“私域裂变→公域推荐→私域沉淀”的闭环。例如，某本地餐饮账号将探店视频分享至粉丝群，触发群成员转发至朋友圈，最终登上同城热榜，吸引新客到店。

（3）内容真实性与信任感更强

与抖音的娱乐化、快手的“信任文化”不同，视频号用户更看重实用价值和真实感。好友点赞的背书、公众号链接的跳转（如视频结尾附“关注公众号领完整攻略”），让用户对内容的信任度显著提升。视频号主力用户 25 ~ 45 岁的群体在所有用户中的占比超 60%，以职

场人士、家庭主妇为主。在内容偏好上，实用攻略（如《超市买菜避坑指南》）、本地服务（如《深圳10元午餐地图》）、情感共鸣类（如《给女儿的一封信》）最易引起转发。

2. DeepSeek如何适配视频号

（1）隐形关键词库与标签组合

DeepSeek分析视频号热门视频，提取“90%的人不知道”“居然还可以这样”等高互动性词汇，自动植入文案。例如，职场类视频生成标题《90%的职场人都在犯的3个错误，你犯了几个？》，结合“职场干货”“生活技巧”等标签，提升进入高流量池的概率。

（2）热点融合与垂直跨界

DeepSeek能抓取微信生态内的热点（如ChatGPT、职场话题），生成跨界选题，如《从ChatGPT爆火看职场人的核心竞争力》，增强内容传播性。例如，某旅游账号通过DeepSeek生成题为《马尔代夫5天攻略》的文案，结合“春节出行”热点标签，单周阅读量大幅提升。

（3）熟人与生人“一起抓”

用一句话总结视频号的运营精髓：“让每个观众都觉得，你是在帮他的朋友圈好友解决问题。”基于视频号的熟人推荐机制和抖音“完全靠算法推荐”的模式完全不同，想让别人愿意转发，关键是给观众一个分享的理由。DeepSeek能在视频文案中埋“社交话术”，在结尾加一句“@你身边常熬夜的人”，在中间插一句“转发到同事群，明天说好不加班！”

3. 案例：“便携式卷发棒”产品脚本之视频号风格版

在视频号设计“可转发的社交货币”，激活私域传播链。

视频号版：社交货币的情感封装（时长25秒）

创作思路

利用微信生态的强社交属性，将产品转化为情感传递媒介。通过代际对话场景，触发中老年用户的转发欲望，实现私域裂变。

完整脚本

0 ~ 3秒：泛黄老照片轮播（扎辫子的小女孩、婚礼盘发、全家福），背景音：“那些年妈妈为你梳过的头发……”

4 ~ 12秒：现代职场女性清晨快速造型（慢镜头展示发丝舞动），画外音：“现在轮到我们撑起一个家。”

13 ~ 19秒：产品特写划过母女合影相框，字幕：“把时间留给更重要的人。”

20 ~ 25秒：微信对话框弹出（虚拟女儿消息：“妈，开视频教我卷头发吧！”），结尾定格在“马上开家庭群教学”的按钮动画。

五、B站：硬核知识与梗文化共生

1. B站平台核心特点分析

（1）内容“既要深度又要趣味”

B站用户以“Z世代”为主（18 ～ 30岁用户占比超过80%），他们对内容有“既要深度又要趣味性”的双重需求。例如，一个讲解量子力学的视频，如果只是照本宣科，大概率会被用户吐槽“太枯燥”；但若用“三体人如何破解量子通信”这类科幻梗包装，配合动画演绎，就能引发弹幕刷屏。这种“硬核内容＋轻松表达”的模式，是B站区别于其他平台的核心特点。

（2）用户是观众，更是“内容质检员”

B站一条爆款视频往往需要：①知识密度高：如科技区视频需引用论文数据，但必须翻译成通俗易懂的语言；②互动设计强：弹幕梗、投票环节、彩蛋设置缺一不可；③社区归属感：用户不仅是观众，更是“内容质检员”，会因“这个UP主懂我的小众爱好”而长期追随对方。例如，爆款视频《5G日常》用生活化场景解释技术原理，结尾升华到人文关怀，完美契合B站用户对“有温度的硬核内容”的期待。

（3）算法注重“完播率”和“互动率”

B站的推荐算法更注重“完播率”和“互动率”，而非单纯的点击量。例如，一个时长20分钟的视频如果有70%的观看者看到最后，即使播放量不高，也可能被推上热门。这种机制倒逼创作者必须用内容“留住用户”，而非仅靠“标题党”。在变现方面，B 站用户更接受“为爱发电”，对广告植入容忍度低，但愿意为优质内容“充电”(打赏)或购买周边。

2. DeepSeek 如何适配 B 站

（1）长视频脚本的“爆款公式生成器”

在结构化叙事上，输入“我想做一期中国航天史的视频，要兼顾专业性和趣味性”，DeepSeek 会生成“悬念开头（如‘中国差点放弃载人航天？’）→历史转折点故事→技术原理动画解说→结尾升华（航天精神与年轻人使命）”的框架，并标注知识点延展方向。在梗文化植入上，结合 B 站用户熟悉的“名场面”，例如在科普视频中插入“诸葛亮骂王朗”搞笑片段，DeepSeek 可建议“此处可类比量子纠缠的不可逆性，用‘我从未见过如此厚颜无耻之人’弹幕引爆互动”。

（2）数据驱动的“选题雷达”

在分区热点挖掘上，输入“游戏区”，DeepSeek 会列出“Steam 新作评测”“怀旧游戏考古”等话题，并提供差异化角度（如“《黑神话：悟空》的动捕技术解析”比单纯游戏攻略更易出圈）。在标题优化技巧上，B 站标题需要兼顾搜索流量（关键词）和推荐吸引力（悬念）。例如，将普通标题《手机摄影教程》优化为《iPhone 隐藏功能：教你用夜景模式拍星空（附参数）》，既包含设备型号关键词，又引发好奇心。

（3）素材与弹幕的“情绪翻译器”

在搞笑素材生成方面，输入“《亮剑》李云龙+赛博朋克”，DeepSeek可生成混剪脚本：“开场用李云龙‘开炮’台词搭配机械音效→中间插入机甲战斗片段→结尾台词改为‘这就是我的元宇宙’。”在弹幕热词预测上，DeepSeek分析B站热门视频，提取“泪目”“前方高能”等高频词，生成符合场景的弹幕提示。

3. 案例：“便携式卷发棒”产品脚本之B站风格版

在B站“用硬核知识搭建游乐场”，通过梗文化消解商业感。

B站版：硬核玩梗的狂欢（5分20秒）

创作思路

针对B站用户对“技术趣味化”的偏好，将产品测评转化为一场赛博实验。融合二次元梗、技术解析与剧情反转，满足用户对“知识娱乐化”的需求。

完整脚本

0～30秒

- 开场动画：像素风游戏界面，角色血条显示“头发耐久度100%”。
- UP主扮演《电锯人》角色登场：“今天用‘恶魔之力’改造卷发棒！”

31 ~ 90 秒

- 实验室暴走：连接示波器测试加热曲线（画面叠加《命运石之门》画风）。
- 发现隐藏模式："按下 R1+L1 竟解锁烧烤模式！"（烤棉花糖实验。）

91 ~ 180 秒

- 剧情反转：误触按钮召唤出一位虚拟歌姬。
- 联动测试：用卷发棒控制歌姬发丝舞动的轨迹（MMD 技术展示）。

181 ~ 300 秒：

- 硬核拆解：对比戴森 / 松下内部结构（画面标注"圣晶石导热管"等科幻词语）。
- 粉丝挑战：用卷发棒改造无人机（彩蛋联动科技区 UP 主）。

结尾彩蛋

- 弹出互动投票："下一期拆解蕾姆的流星锤？"
- 评论区置顶："三连过 5 万直播给卷发棒装 RGB 光污染！"

通过以上平台分析与案例比较，我们看到同一款产品在不同平台实现了注意力抢夺、情感共鸣、理性决策等方面的价值侧重，这体现了当代内容创作者必须具备的生态化运营思维——不是简单地搬运内容，而是用适配平台基因的语言重构产品叙事，这正是 DeepSeek 等 AI 工具针对性适配的核心与重点。

第九章

DeepSeek 短视频如何“掘金”变现

DeepSeek 正在改变短视频变现的规则，无数普通人借助这一工具，以极低的门槛撬动财富增长。据统计，仅春节前后十几天，超6000 人通过售卖 DeepSeek 教程赚取了“第一桶金”，更有团队实现 4 天营收 20 万元的奇迹。

DeepSeek 的核心价值在于降本增效与跨界赋能，它不仅优化了短视频传统变现路径，更催生出前所未有的创新模式，甚至将影响力扩展至音乐、电商、工具开发等领域。当技术门槛被降格为“傻瓜式操作”时，创意与商业嗅觉就会成为新的竞争壁垒。这证明：AI 不再是科技精英的专属，而是普通人手中变现的“数字杠杆”。算法为普通创业者推开财富之门，我们正在见证一个被重新定义的财富创造逻辑。

我们梳理了 DeepSeek 以短视频为核心媒介为创作者提供的 11 种变现创新方式，希望对有志于在 AI 时代“掘金”的读者有所帮助。

一、广告变现：数据驱动决策，优化内容与商业融合

传统的短视频广告植入往往采用前贴片或者口播的固定模式，但 DeepSeek 能够对视频脚本进行基于算法分析的解构与重写。系统基于

用户画像、账号特征、弹幕热词、二创内容等指标，为创作者自动生成 3 ~ 5 种广告植入方案。某汽车测评博主案例显示，当视频中出现“零百加速”等术语时植入试驾场景，能有效提高产品咨询量。

DeepSeek 可以对品牌与创作者进行双向评估。系统不仅分析账号历史数据，还监测舆情热点，预判合作风险。某国产手机品牌原计划与海外旅行博主合作，但系统发出了预警，最终该手机品牌调整了合作对象，并取得了不错的营销效果。

在短视频行业精耕细作的今天，DeepSeek 对广告合作的赋能有了创新：DeepSeek 把广告合作从经验驱动转变为数据驱动，解决了行业长期存在的“拍脑袋决策”问题，同时，动态优化机制让内容与广告实现有机融合，这对用户留存率的提升至关重要。

【AI 方法论】

创作者过度依赖算法可能导致内容同质化，需要建立创作者对于创意的自主意识。建议聚焦“人机协同”，比如开发创作者自主调节的算法权重系统，让 AI 成为创意助手而非决策主体。此外，跨平台数据孤岛的打通将是提升预测准确性的关键，这需要行业共同建立数据合规共享机制。

二、电商赋能：多语言本地化，AI 话术革新直播逻辑

在全球化电商浪潮中，DeepSeek 通过技术创新正在重构短视频带

货的商业逻辑，为中小商家开辟了降本增效的新赛道。在义乌商户傅江燕的案例中，系统不仅完成了多种语言的精准翻译，而且保留了口型同步的自然感，这种“拟真本地化”使单条视频的海外转化率大幅提升。

DeepSeek 通过自研大模型与直播的深度融合，实现了对直播电商的智能化升级。在内容生产环节，生成口播稿的效率从人工生成需要 20 ~ 40 分钟缩短至 AI 生成只需要 2 分钟，并通过多场景复用技术实现一稿多用。例如，交个朋友直播间通过 AI 生成的标准化话术，精准提炼 iPhone16 系列核心卖点，单日销售额突破 3.3 亿元。

在场景构建方面，DeepSeek 展现出深度理解能力。某户外品牌输入“登山杖”关键词后，系统生成了“阿尔卑斯徒步”“城市健步康”等 12 个细分场景，并自动匹配了对应地理特征的背景素材描述。

【AI 方法论】

DeepSeek 协助解决了商家在直播等营销场景内的内容产出瓶颈，但需警惕潜在问题。其一，技术依赖风险。AI 生成内容占比过高，可能导致话术同质化，削弱主播的个性化价值，主播更应聚焦情感共鸣与临场应变等 AI 难以替代的能力。其二，情感共鸣陷阱。AI 生成的场景虽然精准，但可能缺乏真实生活气息，需要让 AI 学习真实用户场景。其三，文化适配“最后一公里”问题。虽然实现多语言转换，但对地区性消费心理的把握仍然需要深化，可引入本地 KOL 进行内容校准。

三、情感“金矿”：精准共情分析，数据赋能粉丝打赏

在人人都是创作者的时代，粉丝打赏早已突破秀场直播的单一场景，正在新媒体领域催生新的内容经济形态。DeepSeek 通过情感分析增强用户黏性，无论是公众号的文字创作，还是短视频的文案生成，抑或是直播间的煽情话术，都能提升共鸣效果和打赏转化率。

某育儿博主曾为“青春期沟通”选题感到焦虑，而 DeepSeek 展现出了独特的技术赋能价值，系统通过语义理解精准捕捉到代际和解、成长阵痛等核心痛点，生成的《给青春期孩子的一封信》脚本巧妙运用了时空对话的叙事结构，结合 AI 合成的老照片特效与温柔配音，引发家长群体强烈共鸣，打赏金额飙升。

DeepSeek 的情感分析模型能够监测识别“泪目”“想起我女儿”等情感信号，动态调整内容推荐策略。当它检测到怀旧元素会引发平台用户的高频互动时，就会调用 AI 模块生成特定年代的家庭场景，形成情感刺激的反馈脚本。案例《给青春期孩子的一封信》也验证了这种数据驱动的精准情感营销效果。

【AI 方法论】

这种 AI 赋能的模式确实打开了新天地，但要注意三个关键点：第一，情感计算不能停留在表面共情，得建立用户心理画像的长期追踪，否则容易陷入“催泪疲劳”；第二，要防范算法茧房，避免创作者过度依赖某类煽情套路；第三，必须平衡商业性与真实

性，当 AI 生成的“虚拟感动”过多时，可能反噬账号信誉。核心还是要记住：AI 是放大器，不是替代品，创作者的真实人格魅力才是情感变现的根基。

四、自媒体矩阵：一键化生产，多平台精准适配

DeepSeek 的核心价值之一在于突破个人创作力的物理限制。以旅游领域为例，输入“大理民宿推荐”关键词后，AI 在 15 分钟内生成包含历史背景、价格比对、拍照攻略的完整框架。创作者通过个性化调整，单日可完成 50 篇小红书笔记的标准化生产。这种工业化内容生产模式，能够让普通创作者在 3 个月内搭建起涵盖美食、住宿、交通的垂直内容矩阵。

DeepSeek 的智能改写支持内容形态的精准转化。同一篇丽江旅游攻略，可自动拆解为：抖音的 15 秒卡点视频脚本（突出美食特写与航拍镜头）、知乎的 3000 字深度评测（侧重文化历史解析）、公众号的交互式图文（嵌入地图定位与预定链接）。通过智能标签系统和用户画像匹配，同一内容在三大平台都能获得较高的点击量。

当账号矩阵形成规模效应后，创作者可搭建三层变现体系：基础层通过平台补贴和品牌广告获取流量收益，增值层开发旅游攻略付费下载，高阶层则通过 AI 直播助手实现 24 小时无人直播带货。

【AI 方法论】

当前 AI 工具确实打破了内容创业的技术壁垒，但需要警惕三个陷阱：一是算法依赖症，过度标准化的内容可能导致账号丧失人格化特征；二是平台规则适应性，各平台推荐机制持续迭代，需保持人工校准；三是用户价值沉淀，可以将 AI 生成内容作为引流手段，但核心客群仍需深度运营。建议采用“AI 生产 + 人工调味”的协作模式，重点打磨三到五个核心账号，以在保证内容质量和强化账号人格化的基础上提升内容生产数量。

五、IP 化创作：AI 主笔脑暴，多风格跨域变现

DeepSeek 让小说等创作进入了“工业生产”时代。网络文学领域已经出现了“AI 主笔 + 人工润色”的新型工作室，将核心 IP 拆解为不同支线故事，由 AI 生成定制化内容，就像顶级厨师配智能炒菜机，火候控制交给机器，调味创意留给人类。

公司影视策划团队开始运用 DeepSeek 进行“剧本 CT 扫描”，可自动检测剧情漏洞、人物动机矛盾等问题。而在个人编剧领域，对 AI 工具的使用在业内早已不是秘密。某悬疑编剧用 DeepSeek 生成 100 个犯罪动机，自己从中挑 3 个做组合创新，这种“AI 脑暴 + 人工淬炼”的模式可能是剧本等的创作新道路。

结合文生图技术，DeepSeek 可实现从创意到文字脚本的转化。某

漫画工作室使用 AI 工具后，单话制作周期大幅缩短，同时其创新应用点在于“多风格适配”，同一剧情可同步生成日漫、美漫、国风等不同画风版本，能有针对性地提高用户付费转化率。

【AI 方法论】

DeepSeek 在写作效率上具有显著优势，但部分传统作家对 AI 写作的文学价值持保留态度。茅盾文学奖得主麦家指出，DeepSeek 虽能超越 95% 的人类写作水平，但无法暴露“人类的局限性”，而人类的缺陷与挣扎正是经典作品的灵感源泉；冯远征认为其语言严谨却“缺少温度”。文学的灵魂始终源于人类独有的生命体验与情感共鸣，但 AI 写作的核心矛盾并非“替代人类”，而是界定人机协作的边界。

六、知识付费：碎片化与智能升级，大幅缩短开发周期

在短视频流量红利见顶的行业背景下，DeepSeek 为知识付费赛道带来的智能化升级正在打开新的增长空间。在课程开发环节，DeepSeek 展现出颠覆性的内容生成能力。某职场博主在输入“零基础 Python 入门”需求后，AI 不仅生成了包含 30 个知识点的完整课程框架，还自动匹配了真实项目案例库，这种智能化的课程策划能力，让单个知识产品的开发周期大幅缩短。更值得关注的是，系统通过分析

B站、抖音等平台的热门标签，智能生成符合Z世代学习偏好的“梗文化”教学脚本，使原本枯燥的编程课程短视频点赞率大幅提升。

在内容呈现层面，DeepSeek可以将庞大的知识体系解构为可独立传播的单元。例如，在金融理财课程中，AI自动识别“基金定投”这个核心知识点，将其拆解为概念解析、实操演示、避坑指南等关联脚本，每个脚本既保持独立学习价值，又通过智能推荐形成知识图谱。

这种智能化变革正在催生新的商业形态。已有教育机构推出“AI课程设计师”培训服务，教授如何有效使用DeepSeek进行课程开发；还有创作者开始尝试开发新模式，自己专注内容的情感温度塑造，将结构化的工作交给AI。这种分工进化使单个知识IP的产能大幅提升，为行业注入新的增长动能。

【AI方法论】

当前知识付费正经历从“人脑驱动”到“人机协同”的转变。DeepSeek带来的效率提升确实令行业振奋，但也需要注意到两个关键问题：一是AI生成内容的同质化倾向，要求创作者加强个性化IP塑造；二是智能答疑的“正确答案”，可能抑制创新思维培养。建议采取“AI生成+人工校准”的混合模式，在关键知识点设置人工介入点，同时在培训阶段，培训师与学员的真实互动将在更大程度上得到培训学习的正面评价。

七、互动内容：多结局动态生成，“选择即开始”

在注意力经济时代，DeepSeek 通过多结局生成实现了创作范式的突破，让内容从“单向输出”变为“双向互动”。某悬疑博主在其发布的互动视频中，观众通过选择“检查血迹”“询问不在场证明”等选项，直接影响剧情走向，观众每做出一次选择都会生成其专属剧情路径码。

在技术赋能下，互动内容正突破传统影视范畴向多领域延伸。某游戏开发者利用 DeepSeek 的对话生成功能，仅用一周时间就完成了一款文字冒险游戏的剧情架构。其特殊之处在于，玩家每次的对话选择都会实时生成对应的任务提示，使游戏世界始终处于动态演进状态。

某商家推出“AI 爱情订制”服务。新人上传恋爱故事文本，AI 自动提取“校园初恋＋星空告白”等情感标签，生成带有双方姓名藏头诗的情歌歌词，再结合新人声纹合成演唱版本。这种高度个性化的服务受到了年轻人的欢迎。

【AI 方法论】

传统内容消费是“观看即结束”，而 DeepSeek 打造的参与式体验形成了“选择即开始”的新模式。但要注意三个优化方向：一是防止选择疲劳，需要像游戏设计那样建立张弛有度的节奏；二是建立动态定价设定，避免用户为解锁内容产生被胁迫感；三是在 AI 生成效率与叙事艺术性之间找到平衡点，技术越强大，越需要创作者把控好“失控的边界”。

八、视觉创意服务：指令化设计，模板化服务降本增效

在平面设计赛道，某美术院校团队通过 DeepSeek 生成“古风侠客 + 水墨晕染 + 宣纸纹理”的组合指令，借助 Midjourney 输出基础图后，有针对性地优化服饰褶皱、兵器反光等细节，成功消除 AI 作品的塑料质感。该系列作品被某头部饮品品牌选作年度限定包装，通过动态 AR 扫码、线下主题店装饰等场景延伸，创造了不错的综合收益。

在短视频创作领域，创作者输入“生肖蛇 + 国潮喜庆 + 流体动力学”等跨学科关键词，AI 不仅生成了舞龙舞狮的创意分镜，还自动匹配了节日祝福文案与背景音乐推荐，经剪辑工具制作的 20 秒短视频模板，在电商平台售出，边际成本趋近于零。

在影视预演、游戏原画、广告提案等专业领域，DeepSeek 指令正在催生新型服务形态。某影视工作室通过训练专属风格模型，可批量输出分镜头概念图，报价较传统手绘图大幅降低，方案交付周期大幅缩短。这种效率革新正在改变甲方的决策模式——甲方客户开始愿意为 3 套 AI 方案 +1 套人工精修的组合付费，既控制预算又保证品质。

【AI 方法论】

这种创作模式从积极面看，确实打破了专业壁垒，但也要注意，过度依赖模板化指令可能导致内容同质化。另外，版权界定模糊可能引发商业纠纷，创作者一方面需要保留必要的人工创意权重，另一方面可以开发差异化的指令体系，比如构建“地域文

化词库”，通过注入方言、民俗等特色元素保持创作独特性，使 AI 技术不止步于技术平替，而是进化成新型创意生态。

九、音乐创作：零门槛作曲，从歌词到全流程工业化

“你说冰美式太苦，要加半勺我的妥协……”这首《七天爱人》凭借其贴近人声的甜美旋律和动人歌词，短短几天内便登上了网络热歌榜单。“97 后”小伙杨平利用 AI 在 2 小时内就创作完成了这首爆款歌曲的制作，成功登上了网络热歌榜，并且卖出了数万元的版权费。他不仅通过 AI 创作了近 100 首歌曲，还通过短视频分享 AI 教程，为众多音乐爱好者打开了 AI 音乐创作的大门。

传统音乐创作中，作词、编曲、制作的资源门槛长期限制着非专业群体，现在 DeepSeek 降低了音乐创作门槛。创作者输入“科技感 + 未来城市”关键词，DeepSeek 生成电子风歌词，配合 AI 作曲工具完成编曲，同时使得音乐创作成本从传统工作室的万元级直降至近于零。

当 AI 能日均创作 10 万首合规歌曲时，音乐产业的底层逻辑开始改变。某公司利用 DeepSeek 建立歌曲数据库，通过抖音用户行为数据反哺 AI 模型，精准生成契合多种场景的爆款模版。这种数据—创作—变现的飞轮，正在重塑音乐产业的利润分配链条。

【AI 方法论】

DeepSeek 打开了音乐商业化的新维度，但当前模式存在三个隐忧：一是版权迷雾，AI 训练数据权属不清可能引发法律风险；二是情感稀释，算法生成的歌词往往缺乏人性化留白；三是市场过载，当人人都能日产百曲时，如何避免劣币驱逐良币？音乐产业需要在上线机制和商业侧进一步探索监督机制，在效率与艺术之间找到平衡点，让技术真正成为创作者手中的“智能乐器”。

十、工具开发：技术红利二次转化，场景化效率突围

DeepSeek 的开放能力正在催生一场“技术套利革命”。通过低门槛调用 AI 的能力，开发者可以将技术红利转化为垂直场景的商业价值。例如，某团队基于 DeepSeek 文档解析功能开发的“一键生成周报”工具，通过抓取企业微信聊天记录中的任务进度、会议纪要等碎片信息，自动生成包含工作量统计、项目风险预警的智能周报。该工具以“5 分钟解放 8 小时”为卖点，通过企业服务商定向推广。

这种变现模式的核心在于技术团队观察到企业中普遍存在的周报焦虑，利用 DeepSeek 的自然语言处理能力将非结构化对话转化为可视化数据看板，通过企业微信生态实现无缝衔接。相较于传统 SaaS 长达半年的开发周期，此类轻量化工具从创意到上线平均只需要 2 周。

DeepSeek 在数据服务领域的应用则呈现出更多可能性。比如，通

过 DeepSeek 开发“短视频爆款雷达”系统，每日抓取抖音、快手等平台的千条热门视频，运用多模态分析技术提取文案高频词、背景音乐节奏等 42 项特征，生成包含爆款公式、广告主偏好图谱的深度报告。

【AI 方法论】

这类模式要注意两个隐患。第一，数据合规红线。比如自动抓取聊天记录可能涉及隐私泄露，需要建立数据脱敏机制。第二，功能保鲜期缩短。当所有人都能快速开发同类工具时，护城河在哪里？未来，可以继续开发为企业业务做决策指导的升级工具，比如周报工具后续可加入员工效率分析、项目资源调配建议等增值模块，并且用海量用户反馈反哺模型优化，形成“越多人用越聪明”的正向循环。

十一、小众市场：文化适配破局，冷门需求规模化

在传统商业逻辑中，“二八定律”主导着资源配置——20% 的主流产品创造 80% 的收益。但 DeepSeek 通过 AI 技术重构了这条商业铁律，让原本被忽视的长尾市场绽放出惊人的商业价值。据统计，全球使用人数低于 100 万人的小语种多达 3500 种，各类垂直兴趣社群超过 200 万个，这些曾被认为是“商业荒漠”的领域，正在成为新的财富绿洲。

义乌商人陈美君的转型颇具代表性。这个主营五金配件的外贸商

家，过去受限于英法葡等主流语种服务商的高昂成本，始终难以突破非洲市场。通过 DeepSeek 的多模态生成系统，她不仅实现了斯瓦希里语、祖鲁语的精准翻译，更借助 AI 技术生成符合当地人审美的主播视频。系统自动适配非洲用户偏好的高饱和度配色、肢体语言特征，使产品视频的完播率提升。这种“文化适配 + 精准传播”的组合拳，帮助其单月新增数百家非洲客户，订单转化率较传统模式也大幅提升。

一位明代军事史爱好者用 DeepSeek 完成了从冷门研究到商业变现的跃迁。其整理的“明代冷兵器考据”资料库经 DeepSeek 的智能解构系统分析后，自动生成 30 集音频课程的框架。系统根据考古爱好者群体的收听偏好，将专业内容转化为“兵器传奇 + 制作工艺 + 历史秘闻”的模块化叙事，并嵌入 AI 模拟的战场音效。课程在某个小众平台上线后，在社交媒体上持续产生着长尾收益。

【AI 方法论】

这种“小众规模化”模式在本质上是通过技术杠杆撬动市场结构的质变，未来可以继续观察“动态长尾生态”——通过实时数据分析，让 AI 自主发现新兴小众需求，形成“需求预测—内容生成—市场验证”的闭环系统。但需要警惕两个风险点：一是文化符号的误用可能引发伦理争议，比如 AI 生成内容中的文化挪用问题；二是过度碎片化可能导致知识体系瓦解，要注意在碎片化的同时，建立知识图谱的专业深度。

后 记

DeepSeek的术与道：在算法洪流中打捞人性微光

DeepSeek这把剪刀，正在剪碎传统生产的时空维度。在义乌傅江燕的店铺里，AI将原本需要3天完成的跨文化营销文案，压缩至15分钟自动生成：中东客户需要的沙漠背景、南美市场偏好的明快配乐、东南亚受众习惯的竖屏构图……技术像一台高效运作的时空织布机，将全球市场的碎片编织成统一图景。

DeepSeek对短视频行业的变革更具冲击力。在某MCN机构的办公室里，编导为要营销的产品输入“宋朝美学+都市科幻”风格混搭的关键词，DeepSeek即刻生成《清明上河图》动态分镜脚本：虹桥上的商贩用AR技术叫卖，货郎的扁担里跳出各种高科技色彩的炊具模型。这种跨越千年的意象拼贴，让文化传播从“单向讲解”变为“时空折叠”。

作家郑渊洁戏言“AI写得真好，杀了我也写不出”的背后，是创作者面对算法生产力的集体焦虑。当网络文学平台将AI生成内容占比提升，作者们的抗议实际上是对创作主体性的捍卫。当他们呼吁“文字不是饲料”时，却不得不承认：AI生成的故事框架，确实比自己熬夜写的更符合流量算法——这不仅是“真假创作者”的争论，更直指一个终极命题：当 AI 能完成知识密集型劳动时，人类的价值坐标是否需要重新锚定？

在电影《银翼杀手 2049》中有一幕令人战栗的场景：复制人 K 站在虚拟雪景中，指尖触碰的雪花由数据构成，他发现自己的“独特记忆”竟是程序员的代码游戏；而《机械姬》的寓言更加令人担忧，AI 艾娃用完美逻辑通过图灵测试后，反手将创造者锁死在了玻璃房——那种震撼，正映射着当下 AI 浪潮中的人类困惑甚至是恐惧。

中国作家协会副主席麦家在接受采访时，谈到 DeepSeek 等人工智能产品对文学创作的冲击。“DeepSeek 可能比 95% 的人写得好，但问题在于没法暴露人的局限性，而人的局限性恰恰是很多经典的灵感来源。”他认为，正因为没有人类的局限，甚至缺陷，机器在文学创作上永远无法超越人。

这很像非遗手工传承人创作的苏绣，机器绣成的凤凰完美无瑕，而手工绣成的绣品上总有几处“错误”针脚。这些瑕疵里藏着当天喝茶时的分心、窗外的鸟叫，还有老伴催吃饭的唠叨。正是这些“低效”的生命痕迹，构成了人类创作抵抗算法同质化的堡垒，也让古希腊德尔斐神庙的箴言“认识你自己”，在 AI 时代有了新解。

如果这个话题过于宏大，那我们可以缩小一点。比如，那些质疑“AI 是否会让人类失去创造力”的忧虑，或许颠倒了问题的本质——就像摄影技术没有杀死绘画，反而催生了印象派；自动织布机没有消灭工艺之美，反而让手工刺绣成为更高阶的艺术表达——真正的危险不在于技术本身，而在于我们如何使用 AI 这面魔镜。

最后，让我们看看 DeepSeek 对一个问题的回答。笔者在页面文本框键入了如下问题："如果用'道'与'术'来描述和定位自己，你的回答是什么？" DeepSeek 给出的回答中的最后一段文字如下。

"庖丁解牛"的典故在此浮现新解：DeepSeek 这样的"技术之刀"，唯有在"道"的指引下游刃有余，方能避免沦为解构的凶器。或许真正的智慧，不在于追问 AI 能否写出《红楼梦》，而在于我们是否还记得，那个在潇湘馆竹影下为落花垂泪的灵魂，才是文明最珍贵的"不可计算量"。

对短视频博主在内的所有内容创作者来说，或许这都是一个十分有益的提醒——唯有理解技术的边界与人类的不可替代性，才能在术与道的辩证中找到创作灵感与受众共鸣的真正坐标。